ISO/IEC 27001/27002:2022 改訂対応

テレワーク時代の
ISMS
ガイドブック

情報
セキュリティ
マネジメント
システム

職場・リモートワークで留意すべき重要ポイント

池田 秀司　著

日本規格協会

は じ め に

　ワークライフバランスの推進，業務効率化，生産性向上，地方創生などの観点から，国内では 2010 年代初頭より政府によってテレワーク推進の施策が進められていたが，新型コロナウィルス（COVID-19）の拡大に伴い，業種業態によって温度差はあるもののテレワークを採用する組織が大幅に増加する結果となった．特に緊急事態宣言が発令され，個人の外出などが制限されるような状況下では，選択の余地もなく試行的にテレワークの運用を開始した組織も少なくはないであろう．

　情報の DX（デジタル・トランスフォーメーション）化の流れもテレワーク推進の後押しを行っている．組織が取り扱う情報の形態は多様化する一方で，それに伴う情報セキュリティリスクに対してどのように対処するかが喫緊の課題となっている．ISMS（情報セキュリティマネジメントシステム）の認証を取得している組織では，すでにテレワークの情報セキュリティ要求事項に対してある程度の対策が進められているが，急激な変化に対して本格的な対応はまだまだこれからという組織も少なくない．

　ISMS-AC が公表する国内の ISMS 認証取得組織数は，2022 年 8 月の執筆時点で 7 000 件を超えており，近年は増加の傾向が継続している．その一方で ISMS 認証基準は，ISO 規格と同等の内容となっていることから，ISMS 認証の取得は行わないが自主的な取組みを行っている組織もある．

　本書では，ISMS 認証取得組織，これから ISMS 取得を予定している組織，自主的に ISMS に取り組む組織がテレワークの運用を進めていくにあたって留意すべき重要なポイントを取り上げており，これらの組織における関係者に参考となる情報を提供できれば幸いである．

　最後に，本書の出版にあたり，何度かやり取りを重ね，ご尽力いただいた日本規格協会グループ出版情報ユニット編集制作チーム柴崎一成氏をはじめその関係各位に改めて感謝申し上げたい．

0.1　本書の構成について

　第1章及び第2章では，規格要求事項の観点から整理し，第3章以降は，ISMS体制において想定される役割（①トップマネジメント，②管理責任者及び推進事務局，③情報システム管理者，④推進担当者，⑤内部監査員，⑥リモートワーク実施者）ごとに整理している．これらの役割はあくまでも例示であって，組織によっては担当者が存在しない場合や兼務によって成り立っている場合もあるため，役割については柔軟に解釈してほしい．本書の読み方として，自身の役割となっている章から読み始め，関連する役割や規格要求事項のポイントを後から読むような方法でも問題のない構成となっている．

　本書の執筆を行っている時点では，ISO/IEC 27001:2022（情報セキュリティ，サイバーセキュリティ及びプライバシー保護—情報セキュリティマネジメントシステム—要求事項），ISO/IEC 27002:2022（情報セキュリティ，サイバーセキュリティ及びプライバシー保護—情報セキュリティ管理策）が発行されており，本書で取り上げる管理策は，最新の規格の内容を反映している［図0.1（ISO/IEC 27001:2022の構成）］．

　規格附属書A 情報セキュリティ管理策 表A.1について，旧規格であるJIS Q 27001:2014では，項番の頭にA.という表記が記載されていたが，現行規格であるISO/IEC 27001:2022（JISは発行予定）では，A.という表記が表内では省略された．本書では，本文要求事項との混同を避けるために，意図的に項番の頭にA.という表記を含めて記述している．

　なお，執筆時点では，改訂版のJIS規格が発行されていないため，ISO規格の対訳に基づいた記載となっていることも併せて了承いただきたい．規格との対応関係を表0.1（本書における表記の規格との対応関係）のとおり整理した．

　実施の手引6.7“リモートワーク”によるとリモートワーク環境は，“テレワーキング”，“コンピュータ端末を用いた在宅勤務”，“柔軟な作業場”，“仮想的な作業環境”及び“遠隔保守”と呼ばれる環境を包含する概念となっている．

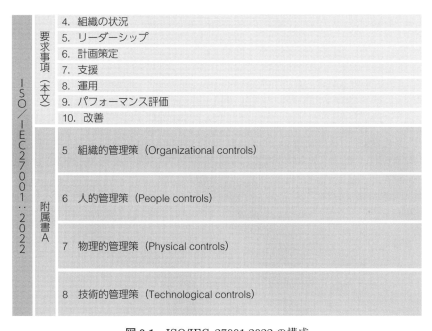

図 0.1 ISO/IEC 27001:2022 の構成

表 0.1 本書における表記の規格との対応関係

本書における表記	対応する規格
規格（用語定義）	JIS Q 27000:2019
規格	ISO/IEC 27001:2022
規格附属書 A	ISO/IEC 27002:2022 ※表記は対訳版を使用
実施の手引	ISO/IEC 27002:2022 ※表記は対訳版を使用

　したがって，規格との整合性を維持するために，本書では，以降の"テレワーク"という表記をすべて"リモートワーク"という表記に統一して記述する．

2022 年 10 月

池田　秀司

目　　次

第2章　管理策に対して留意すべき重要ポイント　　33

第5章　情報システム管理者が行うこと　　77

第1章　要求事項に対して留意すべき重要ポイント

　本章では，リモートワークを導入し，運用する組織において，規格要求事項の観点から重要なポイントとなる事項を述べる．

1.1　リモートワークの導入における外部及び内部の課題を決定する

　規格 4.1"組織及びその状況の理解"では，ISMS に影響がある組織の外部及び内部の課題を把握して決定することが求められている．例えば，世の中で新型コロナウィルス（COVID-19）のような感染症が拡大している状況であれば外部の課題であり，組織の要員が子育てや介護と仕事を両立させたいと望んでいるのであれば内部の課題として捉えることができる．同時に課題に対して対応する方法として，感染症拡大時の外出自粛要請にパソコンを自宅に持ち帰って作業をすることや，仕事と生活の調和（ワーク・ライフ・バランス）の向上に向けて自宅での業務環境を構築するといったリモートワークについても選択肢の中から検討を行うことになるであろう．また，リモートワークの導入には，情報セキュリティの側面にも十分に配慮する必要があることから，想定されるリスクに対して組織が取り得る合理的な対策を実施しなければならない．

　上記の流れを規格に当てはめて整理すると，規格 4.1"組織及びその状況の理解"で決定された課題は，規格 6.1"リスク及び機会に対処する活動"のインプットとなり ISMS の計画策定のプロセスを経て規格 6.1.2"情報セキュリティリスクアセスメント"及び規格 6.1.3"情報セキュリティリスク対応"といった流れとなる．これらは一部の規格項番を抜粋したものであるが，規格のそれぞれの箇条項番におけるアウトプットは，別の箇条項番のインプットとなりそれらが相互に作用することで全体のプロセスが構成されていると考えるこ

とができる.

　なお,規格0.1"概要"では,"この規格で示す要求事項の順序は,重要性を反映するものでもなく,実施する順序を示すものでもない."ことが定められている.そのため実施の順番として,最初に規格9.2"内部監査"を実施して,組織の中で独立した観点からマネジメントシステムの総括的なチェックを行い,規格4.1"組織及びその状況の理解"で内部監査の結果で明らかになった課題を含めて決定する流れでも一向に構わない.しかしながら,読者の混乱を避けるために,本書では,可能な限り規格項番の順序で説明するように配慮した.

　なお,本書ではすべての規格要求事項を網羅的に解説するのではなく,リモートワークに対して留意すべき重要ポイントを中心に抜粋した.

1.2　リモートワークに関連する利害関係者のニーズ及び期待を理解する

　規格4.2"利害関係者のニーズ及び期待の理解"では,ISMSに関連する利害関係者を決定することが求められている.筆者は,審査員の立場で審査を行うことがあるが,各部門にISMSに関連する利害関係者はだれかということを聞くと事務局では想定していない利害関係者が登場する場合や,部署ごとに回答が異なる場合がある.組織が決定する利害関係者については,規格は文書化を要求していないが,組織内で認識が異なるのであれば,組織のISMSに関連する利害関係者を文書に明記しておいた方がよさそうである.

　最近の感染症対策においては,発熱があれば組織に訪問しないことや訪問時に手指の消毒を行うことが当たり前であるが,これらの対応も利害関係者の要求事項を踏まえた対応であると考えられる.なお,海外では感染症拡大時には会議などの開催人数を規制することや外出自体を禁止するといったことが法律で定められているが,これらの法的及び規制の要求事項について利害関係者の要求事項に含めても問題ない.

　規格4.2"利害関係者のニーズ及び期待の理解"については,規格4.1"組織及びその状況の理解"とともに規格4.3"情報セキュリティマネジメントシ

ステムの適用範囲の決定”の考慮事項（インプット）となる.

1.3　外部及び内部の課題，利害関係者の要求事項を踏まえ，ISMS の適用範囲を決定する

　リモートワークを推進することで事務所として利用している領域に余裕ができたことから拠点の統合や移転を行うことや新たに情報を取り扱う物理的な場所が増えるようなことがあるが，その場合は ISMS 適用範囲の変更を含めて検討する必要がある．規格 4.1 に規定する外部及び内部の課題及び規格 4.2 に規定する利害関係者の要求事項を考慮すると重要な情報の取扱いや保管が行われている場所は，ISMS 適用範囲に含めるという考え方が合理的である.

　例えば，リモートワークを行うための情報の処理を行うシステムを新たに構築する場合に，新規にサーバー室を設置することやクラウド事業者のサービスを利用することが考えられるが，規格 4.1 "組織及びその状況の理解" 及び規格 4.2 "利害関係者のニーズ及び期待の理解" を考慮した場合はこれらの領域についても ISMS の適用対象になってくるものと考えられる．ISMS の適用対象とした場合，組織がどこまで運用に関与できるかによって管理策の適用方法が変わってくる．一般的にクラウドサービスの場合は，規格附属書 A.7 "物理的管理策" を直接適用させることは難しいことから規格附属書 A.5.19 "供給者関係における情報セキュリティ" などのような委託先に対する管理策や規格附属書 A.5.23 "クラウドサービスの利用における情報セキュリティ" を適用することが考えられる．なお，関連規格として，クラウドサービスの提供及び利用に適用できる情報セキュリティ管理策を定めた JIS Q 27017 が発行されているが，特定のクラウドサービスの利用において，より高い情報セキュリティ対策を実現するために追加の管理策として適用することも検討の余地があると考えられる.

　ISMS の適用範囲とした場合は，必ずしも ISMS の認証登録範囲としなければならないという訳ではない．表 1.1（ISMS 適用範囲と ISMS 認証登録範囲

の考え方）に整理したので参考にしてほしい.

表 1.1　ISMS 適用範囲と ISMS 認証登録範囲の考え方

ISMS 適用範囲	4.1 に規定する外部及び内部の課題及び 4.2 に規定する要求事項を考慮して決定した ISMS を確立し，実施し，維持し，かつ，継続的に改善していく対象とした範囲
ISMS 認証登録範囲	組織が決定した ISMS 適用範囲に対して，ISMS 認証機関（ISMS 審査を実施する機関）が組織と合意して決定した ISMS 認証を登録する範囲 補足 1：ISMS 適用範囲すべてが ISMS 認証登録範囲とはならない場合がある（例：全社で ISMS のプロセスを適用しているが，ISMS 認証登録範囲は，本部と一部の拠点に限定している場合など） 補足 2：ISMS 適用範囲 ≧ ISMS 認証登録範囲となる

　なお，ISMS の認証登録範囲外にした場合には，審査* がまったく実施されないという訳でもないことにも留意が必要である．ISMS の認証登録範囲については，ISMS 認証機関（ISMS 審査を実施する機関）が認証する範囲であり，すなわち ISMS 認証機関が発行する登録証に記載が行われる範囲である．ISMS の登録範囲内であれば，審査が行われてしかるべきであるが，ISMS の認証登録範囲外であってもデータセンターで重要なプロセスが処理されている場合や特定のリモートワーク環境や一時的な業務サイトを設置し，そこで重要な業務処理を行っているような場合は，ISMS の認証登録範囲に関連するプロセスとして審査での確認対象と成り得るであろう.

---

* 審査＝各階層へのインタビュー，実施状況の観察，文書及び記録のレビュー，システムの設定状況とログのレビュー及び実証作業（デモンストレーションを含む）による検証を単独で，あるいはそれらを組み合わせて実施する.

1.4 ISMS の確立，実施，維持，継続的な改善のプロセスにリモートワークの運用を取り入れる

　規格 4.4 "情報セキュリティマネジメントシステム" では，Plan-Do-Check-Act（PDCA）のアプローチを用いた組織のプロセス管理が規定されている．リモートワークを実施するにあたっても個別の PDCA サイクルが存在するはずである．また，リモートワークに関してリスクアセスメントを実施する場合は，リスクアセスメントにおける PDCA サイクルも関与してくる．

　このように ISMS プロセスには様々な側面での PDCA サイクルが存在し，それらと ISMS 全体の PDCA サイクルは密接に関連している．組織内に確立したそれぞれの ISMS プロセスが方針及び目的に対して適切に実施できているかどうかを評価し，継続的に改善していくことが重要である．

1.5 トップマネジメントが主体となって，ISMS に関するリーダーシップ及びコミットメントを実証する

　規格 5 "リーダーシップ" では，組織の ISMS においてトップマネジメントの果たすべき役割と責任が定められている．例えば，情報セキュリティ方針や情報セキュリティ体制の見直しを行うことなどがあげられるが，詳細は，第 3 章 "トップマネジメントが行うこと" で述べるので参照してほしい．

1.6 組織における外部及び内部の課題，利害関係者の要求事項を考慮し，リスク及び機会を決定する

　規格（用語定義）においてリスク（risk）は，"目的に対する不確かさの影響." と定義されており，リスクに対処することは，情報セキュリティの目的達成に直接的に繋がりがあることが明確になっている．また，不確かさとは，欠落している状態を示すニュアンスが含まれており，何らかの悪影響が想定されるも

のとして解釈できる．その反面で，顕在化し得るリスクに対して未然に処置を講じるといった予防処置としての機能も期待できることから，規格においては“機会”という用語が意図的に使用されているものと考えられる．

　組織における外部及び内部の課題，利害関係者の要求事項を考慮してリモートワークを導入したものの情報セキュリティに関する懸念は十分に対応できていない場合には，そのリスクに対して何かしらの手を打つ必要がある．

　その一方で，リモートワークの導入を契機として，取り扱うデータをローカルドライブに保管しない運用に変更したことによって，結果的に情報セキュリティのレベルが向上するということも考えられる．このような技術的な側面以外でも，直接上司や同僚とのコミュニケーションが取りにくくなったというマイナスの要素がある一方で，自分のペースで仕事ができるためワーク・ライフ・バランスという観点から充実したというプラスの要素が生じたということも耳にすることがある．

　いうまでもなく，これらのマイナスの要素については，必要な対策を講じ，プラスの要素については，有効活用していくというのが組織のあるべき姿であり，こうした活動をとおしてISMSが継続的に改善することが期待できる．

1.7　情報セキュリティリスクアセスメントを実施する

　情報セキュリティリスクアセスメントは，ISMSのプロセスの中でも重要な位置付けとなっており，組織のISMSの成功を左右するものと言っても過言はないと考える．情報セキュリティリスクアセスメントのプロセスをうまく活用し，規格6.1“リスク及び機会に対処する活動”における予防処置の意図を踏まえた運用に繋げられている組織が存在する一方で，残念ながら，情報セキュリティリスクアセスメントの実施自体が重荷になってしまい形式的な実施にとどまっている組織も実際に存在している．これには，旧規格（JIS Q 27001:2006）まで規定されていた複雑な詳細リスク分析の手法が原因の一つとして考えられるが，現行規格においては，従来の手法を含めて様々なリスク

アセスメントの手法を適用することができるようになったため，このような組織には，リスクアセスメントの見直しを提言したい．現行規格への移行を契機として，ISMS のリスクアセスメントの改善を行う組織が増えてきていることを確認しているのでそれらの事例も参考にされたい．

以下にリスクアセスメントの有効性向上に向けたポイントを述べる．

①　簡素化された仕組みで無理なく実施可能である

　　従来の詳細リスク分析の手法は，規格要求を満たすために複雑な仕組みとなる傾向があったが，その場合はより複雑になることを避けてアウトプットの変更が行われずに形式化してしまう可能性がある．リスクアセスメントを実施した結果を作成するのではなく，リスクアセスメントを実施し，顕在化し得るリスクを明らかにすることが重要である．関係者が理解できる簡素化された仕組みが望まれる．

②　いつでも必要なタイミングで実施が可能となっている

　　ISMS では，少なくとも 1 年に 1 回は定時でのリスクアセスメントを実施することが一般的であるが，本来であれば組織を取り巻く状況が変化するとき，つまりリスクが変化するときに実施することが望まれる．日々の運用においてリスクアセスメントの必要性を十分に認識しておく必要がある．

③　関係者全員がリスクアセスメントの考え方を説明できる

　　審査で部門に対してどのようにリスクアセスメントを実施したか質問を行ったところ，事務局でないと詳細はわからないので事務局に質問してほしいという回答を得る場合がある．事務局が全体でまとめてリスクアセスメントを実施するという考え方もあるが，少なくとも現場がリスクをまったく把握していないということはあり得ない．本来であれば，現場が率先してリスクアセスメントを行い，必要な対策を行っていくものである．事務局は，組織全体で対応を検討すべきリスクについて部門間の調整を行うことはあるが，部門の代わりにすべてのリスクアセスメント行う必要はないと考える．

　特にリモートワークにおいては，自宅などで主に作業を行うことが想定されるが，個々の環境に大きく依存することから一律的なリスクアセスメントを実施するのは難しいため，現場が主体的にリスクアセスメントを実施することが望まれる．

　リスクアセスメントは，予防処置的な側面があることから，リスクが顕在化した後よりも前に実施する方がその効果は高くなる．新型コロナウィルス（COVID-19）の拡大に伴い，急遽リモートワークを実施する方針に切り替えた組織も少なくはないが，ISMSのリスクアセスメントを踏まえて実施したと言い切れるケースは稀であった．このように緊急性が高い場合に，詳細リスク分析のような手法を実施することは現実的ではないが，リスクをまったく想定しないで対策を進めるというのもあり得ない．

　全社的なリスク（情報セキュリティのリスクを含む）を検討する委員会により対策が検討されたケースや，会社の取締役会のような上位の機関においてリスクが検討されその決定がなされたといった事例や，専門家が関与して対策を行ったような事例も確認している．これらの事例は，ISO/IEC 27005:2018（情報技術―セキュリティ技術―情報セキュリティリスクマネジメント）【附属書E】情報セキュリティリスクアセスメントのアプローチにおける上位レベルのリスクアセスメントに含まれる可能性もあることから，その場合はISMSのリスクアセスメントの一つとして規定することで実施した根拠を明確にすることが可能である．単独のプロセスでは，規格要求事項を満たさない場合であってもそれを補完し組み合わせるなどして追加で実施することについてはまったく問題はない．情報セキュリティリスクアセスメントのアプローチを次のように整理することができる［図1.1（情報セキュリティリスクアセスメントのアプローチ）］．

　多くの組織では，情報セキュリティリスクアセスメントを実施する間隔として少なくとも1年に1回（あるいはそれ以上）ということを定めている．しかしながら，組織を取り巻く内部，あるいは，外部の環境は絶えず変化してい

ることから想定される情報セキュリティリスクも同様に変化しているのが実態である．

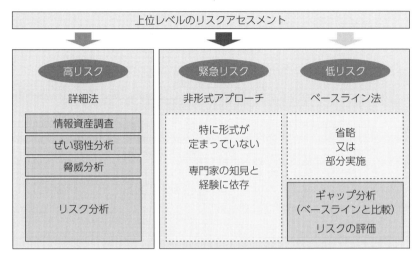

図 1.1　情報セキュリティリスクアセスメントのアプローチ

　規格 8.2 "情報セキュリティリスクアセスメント" では，"あらかじめ定めた間隔" に加えて "重大な変更が提案されたか若しくは重大な変化が生じた場合" にもリスクアセスメントの実施を求めている．これまでリモートワークを実施していない組織が実施に転じた場合は，"重大な変化" に該当する可能性が高くなる．一般的に，次のような場合には，あらかじめ定めた定時のタイミングを待たずにリスクアセスメントを実施することが多い．

① 　組織の事業領域の変更

② 　組織の大幅な変更や再編

③ 　所在地の変更，あるいは，拠点の新設

④ 　組織が採用する技術の変更（例えば，情報システム基盤の入れ替えなど）

⑤ 　情報セキュリティインシデントなどの発生（関連する業界や組織を含む）

⑥ 　世の中の情報セキュリティ脅威の高まり

1.8　情報セキュリティリスク対応を実施する

　規格 6.1.3 "情報セキュリティリスク対応" では，規格 6.1.2 "情報セキュリティリスクアセスメント" の結果明らかになったリスクに対して対応を行うプロセスが規定されている．この過程で規格附属書 A との比較と検証が行われるため，組織の管理策と適用宣言書の関係性が明確になる．

　一切のリモートワークを行わないルールとしている組織の適用宣言書の場合，規格附属書 A.6.7 "リモートワーク" は，採用されない管理策として識別されているはずである．ところが，感染症予防対策の一環としてリモートワークを許可する運用となる場合は，変更に伴うリスクアセスメントを実施し，リスク対応のプロセスにおいて必要となる管理策を適用することになる．同時に，適用宣言書に記載された規格附属書 A.6.7 "リモートワーク" を採用する管理策に変更する必要がある．

　一方で，これまで適用宣言書において規格附属書 A.6.7 "リモートワーク" を採用していたが，リモートワークの方式を変更するなどの影響で必要となる管理策も同様に変更となることがある．その場合は，管理策に紐づく規程類との整合性や適用宣言書に記載した管理策を含めた理由に変更が生じていないかの確認を行う必要がある．

　情報セキュリティリスク対応結果については，文書化した情報として保持することが求められている．例えば，リモートワークへの移行に関する計画を情報セキュリティリスク対応計画として作成する場合は，その結果については，組織が決めた ISMS の文書（記録）を管理する方法に則って保持しなければならないことに留意したい．

1.9　情報セキュリティ目標* を必要に応じて見直す

　リモートワークにおいては，自宅などで主に作業を行うことが想定されることから，事務所内での作業を想定した情報セキュリティ目標であれば，見直しなどを行う必要がある．例えば，クリアデスク・クリアスクリーンに関する情報セキュリティ目標を設定している場合，事務所においては紙の書類を中心とした整理整頓を心がけることになるが，自宅に一切の書類を持ち帰らずにパソコンのみの作業としている場合は，デスクトップ上に保管されているファイルやフォルダの整理整頓の方が運用の実態を踏まえた目標となる．また，自宅の環境によっては，クリアデスク・クリアスクリーンとは別の評価指標を情報セキュリティ目標として設定する方が望ましい場合もあり得る．

1.10　ISMS に必要な資源を決定し，提供する

　規格 7.1 "資源" では，ISMS の活動に必要な資源（例：ヒト，モノ，カネ，情報，技術など）を決定し，提供することが求められている．規格 5.1 "リーダーシップ及びコミットメント" では，"ISMS に必要な資源が利用可能であることを確実にする．" ことが規定されており，決定された資源の提供は，トップマネジメントの重要な役割となっている．

---

* 本書では，"情報セキュリティ目的" を "情報セキュリティ目標" と表記している．JIS Q 27001:2014 では，情報セキュリティ目的（Information Security Objective）と表記されているが，JIS Q 9001:2015 では，品質目標（Quality Objective）と表記されている．

1.11　リモートワーク導入により，必要とされる要員の力量に変更が生じていないか確認する

　規格（用語定義）において力量（competence）は，"意図した結果を達成するために，知識及び技能を適用する能力"と定義されており，組織の情報セキュリティパフォーマンスに影響を与える業務に携わる人（例：トップマネジメント，管理責任者，事務局要員，情報システム要員，推進担当者，内部監査員，一般スタッフなど）に応じた力量を備えることが求められている．その力量が備わっていない場合には，必要な力量を身につけるための処置をとり，とった処置の有効性を評価することが求められる．

　リモートワークにより運用が大きく変更されると必要とされる力量が変更となる可能性がある．その場合には，変更が生じた力量に対して，十分であるかを確認し，必要に応じて教育・訓練を行うことや経験や関係する資格を所有する要員を配置するなどの対応が必要となる．

1.12　ISMS にかかわる関係者の認識を高めるための対策を行う

　世の中で発生している情報セキュリティインシデントの多くは，人的な要因が原因となっており，規格 7.3 "認識"で求められている認識の向上が欠かせない．特にリモートワークでの環境となると個人で管理しなければならない情報セキュリティの度合いが高くなるなどの変化が生じることが想定されることから，関係者の認識をどのように高めるかという観点で ISMS の見直しを行うことは重要である．

　リモートワーク開始に伴い，情報セキュリティ方針に変更があればその周知が必要となるが，変更がない場合でも改めて再周知を行うことで ISMS に関わる関係者の認識を高めることができると考えられる．また，リモートワークに特化した臨時の情報セキュリティ研修を計画し，実施するといった方法や部門内で情報セキュリティの意識を高めるために関係者間で意見交換を実施する

といった事例を確認しているが，どちらも有効な対策の事例であると考えられる．

1.13　ISMS に関連する内部及び外部のコミュニケーションプロセスの見直しを行う

これまでは，コミュニケーションの手段としては，対面，電話，e-mail，FAX が一般的であったが，現在は多様化されている．東日本大震災では，SNS が有事のコミュニケーションツールとして有効であるということで脚光を浴びたことは記憶に新しいが，世の中のリモートワークが進むと WEB 会議システムが当たり前のように組織のコミュニケーションツールとして利用されている．これらのコミュニケーションツールには，様々な特性があり，情報セキュリティを十分に配慮したうえで利用する必要がある．

リモートワークを開始するタイミングで，組織のコミュニケーションプロセスについても見直しを行うことが望まれる．

1.14　文書化した情報の管理を適切に行う

世の中のトレンドとして情報の DX（デジタル・トランスフォーメーション）が進められているが，感染症の拡大を受けて益々加速して広まりつつあるように感じる．ひと昔前の審査では，紙で作成した ISMS 文書を管理する運用がほとんどで，審査会場には，整然と並べられた規定や記録類を目にすることも少なくはなかった．そのため，当時は文書や記録への押印の有無などが審査で確認されることがあったが，現在は一部の国内系の個人情報関連のマネジメントシステム審査を除いて，押印の有無に関する指摘はほとんど聞かなくなった．

リモートワークでの運用において ISMS の文書類を紙で管理しようとすると様々な課題が想定される．規格 7.5.3 "文書化した情報の管理" では，"文書化した情報が，必要なときに，必要なところで，入手可能かつ利用に適した状

態である."ことが求められており,事務所内であれば,仮に ISMS 関係規定の参照が必要な場合であっても,ISMS 推進担当者に問い合わせて見せてもらうような方法や拠点が離れていればそれぞれの拠点に規定の写しを備えるような運用で対応することができたが,自宅にすべての写しを持ち帰って運用することは現実的ではない.そのため,リモートワークでの運用では,ISMS の文書類を電子データで管理することが合理的であると考えられる.電子データでの管理方法としては,例えば,イントラネット内のグループウェアや掲示板に登録する方法やファイルサーバー内に登録する方法,あるいは,クラウド領域に登録する方法など様々なケースが考えられる.組織がこれまで運用してきた方法をベースに進めていくことで比較的容易に運用を開始することができたという事例を確認している.

　以下に ISMS の文書類を電子データで管理する場合の留意事項を述べる.

① 承認前の文書と承認後の正式文書が明確に区別できるようになっている
　紙の管理でも同様であるが,どのようなプロセスでだれがいつ文書を承認するのかを明確にしておく必要がある.紙の書類であれば,押印行為が具体的な承認作業となる.電子データの場合は同様の方式とする場合は電子署名が考えられるが,現状はあまり多くの事例はない.承認作業は,電子データの特性を考慮した合理的な方法で問題なく,例えば,承認作業者が PDF ファイルに変換する,ファイルサーバーの特定のフォルダにアップロードする,文書を管理するシステムの特定の領域に保管するなどを承認手順として定めて運用を行うような方法が考えられる.

② 承認された文書の完全性を維持する
　新たな文書を作成する際には,関係者間でのレビューや修正作業を想定して,文書を自由に変更できるようになっている場合が多いが,承認後の文書は,決められた担当者以外は変更できないような仕組みにする必要がある.例えば,PDF ファイルやファイルサーバーに保管された電子データを読み取り専用とするような処置を講じることが考えられる.

③ 版管理による変更管理を行う

紙の文書であれば，旧版の押印を行うといった運用が存在したが，電子データの場合は，上書きをしてしまうと旧版が残らなくなってしまうので注意が必要である．文書を管理するシステムの中には非常に細かい粒度で版管理を行うことができるものがあるが，その場合であってもどのようなケースがメジャーな版の変更となるのか，あるいは，マイナーな版の変更となるのかといったような運用を想定したルールを決めておく必要がある．

④　文書のアクセス権の管理を適切に行う

情報セキュリティ方針のように組織のホームページに掲載するような文書もあれば，特定の関係者のみにしか開示することを想定していない文書も存在する．文書が必要な人には最新版の文書をアクセスできるようにし，開示の制限が必要な文書についてはアクセス権を適切に設定しなければならない．

⑤　保管と廃棄のタイミングを明確にしておく

規定類であれば，紙の文書とは異なり，データ容量を大幅に消費するといった問題は起こりにくいが，記録類については，保管する期間や記録を消去する方法を決めておかないと保管領域がひっ迫するといった問題が発生する可能性があるので注意が必要である．保管する期間は，リスクアセスメントに基づいて決定するとよい．例えば，監視カメラの映像データを記録して取得する場合は，どの程度の期間さかのぼって映像を確認する必要があるのか，保管する期間はコストに見合ったものかなどの検討を行うことが考えられる．

⑥　システムの障害を想定した代替策を準備しておく

システムの障害が発生すると文書にまったくアクセスができなくなるといったことが考えられる．これは紙の文書では想定されない脅威であるため，盲点になりやすい．万が一の障害に備えて，システムの可用性を維持するための仕組みを検討する必要がある．

1.15　ISMS 運用の計画と管理を行う

　規格 8.1 "運用の計画策定及び管理"では，規格 6.1 "リスク及び機会に対処する活動"で決定した活動を実施するために必要なプロセスを計画し，実施し，かつ管理することが求められている．例えば，規格 6.1 "リスク及び機会に対処する活動"においてリモートワーク導入に向けた ISMS 全体計画を作成した場合，規格 8.1 "運用の計画策定及び管理"においては，それぞれの役割や作業フェーズにおいて個別の計画を作成することが必要な場合があることが考えられる．

　例えば，リモートワークのシステムを導入し，運用を開始する際には，システム導入に向けた全体の計画書，要件定義書，設計構築仕様書，試験計画書，本番移行計画書などの文書を作成するという事例もあるが，これらの文書類が必要かどうかも組織の状況によって変わってくる．また，これらのプロセスを外部委託するのであれば，そのプロセスを明確にして，管理する必要がある．

　上記で述べたとおり，規格の箇条 8 においても計画となる要素が含まれていると考えることもできるが，大きな流れで捉えるのであれば，規格の箇条 6 には計画のことが規定されており，規格の箇条 8 では，規格の箇条 6 で計画したことを実施することが規定されていると考えると理解が容易になる．

1.16　ISMS の主要なプロセスについて監視，測定，分析及び評価を行う

　規格 9.1 "監視，測定，分析及び評価"では，情報セキュリティパフォーマンス及び ISMS の有効性を評価することが規定されている．これらを評価するためにインプットとなるプロセスは様々なものが想定されるが，主要なプロセスとしては，規格本文要求事項の箇条 4 から箇条 10 に至るまでの各項番から抽出して整理するとわかりやすい．また，規格本文要求事項に加えて規格附属書 A（管理策）についても評価対象となることに留意されたい．

リモートワーク自体を ISMS の主要なプロセスとして捉えて 9.1 の評価対象とすることも考えられるが，多くの場合はリスクアセスメントのプロセスや情報セキュリティ目標といったそれぞれの ISMS のプロセスと連携して評価を行っていくことになるであろう．

1.17　ISMS を継続的に改善する

規格 10.1 "継続的改善" では，ISMS の適切性，妥当性及び有効性を継続的に改善することが求められている．規格（用語定義）において有効性（effectiveness）は，"計画した活動を実行し，計画した結果を達成した程度."と定義されており，規格の適合性のみならず有効性という観点からも ISMS を継続的に改善することが求められている．

継続的改善は，リモートワーク単独というよりも ISMS 全体のプロセスを踏まえて実施する事項である．

1.18　不適合を発見したら，是正処置などの対応を行う

規格 10.2 "不適合及び是正処置" では，ISMS の運用において不適合状態となった場合に組織が行わなければならない事項が規定されている．規格（用語定義）において不適合（non-conformity）は，"要求事項を満たしていないこと."と定義されている．要求事項とは，規格要求事項に加えて，規格要求事項に基づいて組織が定めた規定要求事項や ISMS に関係する法令や契約による要求事項などが含まれる．

一般的に組織で不適合状態が確認される事例としては，ISMS 内部監査や ISMS 審査における不適合の指摘やその他の外部監査における ISMS に関係する不適合の指摘，規制当局や監督官庁からの通達や指導などが発生した場合が考えられる．また，情報セキュリティインシデントの発生についても，本来あるべき状態からの逸脱となることから不適合として処理されることが少なくは

ない.

リモートワークの運用で発生した情報セキュリティインシデントの事例を想定して不適合及びその対応について考察したい.

組織では,リモートワークの基盤をデータセンターに設置して運用を行っているが,データセンターで障害が発生し,終日リモートワークのシステムが停止した.業務に多大な影響が生じたため,ISMS における情報セキュリティインシデントの発生として処理を行い,不適合と判断されたため,以下のような是正処置報告書を作成した［表1.2 ｛是正処置報告書（抜粋版）その1｝］.

表1.2 是正処置報告書（抜粋版）その1

不適合の内容	データセンターの当社ラック内に設置されているネットワークスイッチの故障により,仮想ネットワーク基盤との通信が遮断され,リモートから終日利用できない状態となった.
修正	保守連絡業者に連絡を行い,代替品の設置を行ったところ通信が回復し,リモートからアクセス可能となった.
原因	ネットワークスイッチを設置してから3年が経過していたことから故障の可能性が高くなっていた.
是正処置	ネットワークスイッチを設置してから3年を経過する前に予防交換を行う運用とする.

不適合状態を適合の状態にする処置のことを"修正"というが,ここでは,故障したネットワークスイッチを正常なものと取り換えることが修正に相当している.これでひとまず解決ということになるが,ISMS では,不適合がなぜ発生したのかという"原因"を究明し,原因を取り除き再発を防止する処置として"是正処置"までを実施する必要がある.表1.2［是正処置報告書（抜粋版）その1］では,原因として,ネットワークスイッチを3年以上使用していることが記載されているが,果たしてこれは原因として適切であろうか.真の原因が究明されない場合は,是正処置を実施した場合であっても再発を防止することができないため,慎重に検討を行う必要がある.想定した原因に対して"なぜなぜ"という疑問を重ねていくような方法で真の原因を究明することが重要

であり，例えば故障の可能性が高いのはなぜだろう，とか，そもそも終日利用できなかったのはなぜだろうということについて深掘りしていく必要がある．

　この事例のようなクリティカルなネットワークスイッチを設置する場合は，冗長化構成にして，片方が動作しない場合であってももう一方が動作するという考え方が一般的である．また，障害発生時には，その切り分け作業が重要であり，仕組みを改善することで速やかな対応が行われることが期待できる．これらを踏まえて，表1.3 の［是正処置報告書（抜粋版）その2］を作成したので，それぞれの表に記載した"原因"及び"是正処置"の内容について，どちらがより再発防止に有効な対策となっているか比較してほしい．

表1.3　是正処置報告書（抜粋版）その2

不適合の内容	データセンターの当社ラック内に設置されているネットワークスイッチの故障により，仮想ネットワーク基盤との通信が遮断され，リモートから終日利用できない状態となった．
修正	保守連絡業者に連絡を行い，代替品の設置を行ったところ通信が回復し，リモートからアクセス可能となった．
原因	①ネットワークスイッチが故障することを想定していなかった． ②障害を監視する仕組みがなかったため，障害の切り分けに多くの時間を要した．
是正処置	①ネットワークスイッチの故障に備えて冗長化構成（一方がダウンした場合でも動作可能な構成）に変更する． ②仮想ネットワーク基盤，データセンターラック内ネットワーク，通信回線（正副2回線）の障害監視を行う仕組みを導入する． ※データセンター構内ネットワークは，データセンター側で監視されているため，データセンター担当者との緊急連絡手段を確保する．

第2章 管理策に対して留意すべき重要ポイント

　第1章"要求事項に対して留意すべき重要ポイント"では，規格要求事項に対して留意すべき重要ポイントを記述したが，本章では，規格附属書Aの管理策に対して留意すべき重要ポイントを述べる.

　規格附属書Aの管理策の種類としては，組織的管理策，人的管理策，物理的管理策，技術的管理策の四つに分かれており，それぞれの管理策数を合計すると93個となる［図2.1（管理策の内訳）］.なお，紙面の都合により，本書ではすべての管理策について逐一説明を行うことはせずに，リモートワークを行うにあたって特に留意すべき管理策を抽出して説明を行うことについてご了承いただきたい.なお，本章では述べられていない管理策について，リモートワークとは関係ないという訳ではないことについても併せて留意したい.そもそも管理策の解釈については，組織によって異なることも想定されており，組織に対して審査を行った経験からも管理策の解釈や適用方法が異なる事例を少なからず確認している.組織の一般的な管理策の適用事例を図2.2（管理策の適用事例）に整理した.

2013年版と比較して
新規：11，統合：24
更新：58，削除：0

管理策の種類	管理策数
5　組織的管理策	37
6　人的管理策	8
7　物理的管理策	14
8　技術的管理策	34
合計	93

図2.1　管理策の内訳

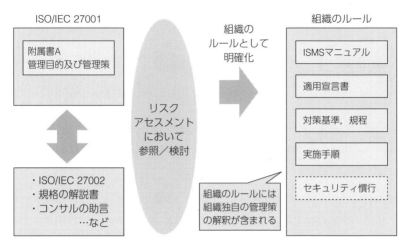

図 2.2 管理策の適用事例

　本章で取り上げる規格附属書 A の管理策について，リモートワークに直接関連するものを "◎" で，間接的に関連するものを "○" で識別している．なお，"○" となっていない管理策についても関連するものが含まれていることについて留意されたい［表 2.1（リモートワークと管理策の関連性)].

表 2.1 リモートワークと管理策の関連性

規格項番	管理策名	関連性
A.5.1	情報セキュリティのための方針群	○
A.5.2	情報セキュリティの役割及び責任	
A.5.3	職務の分離	
A.5.4	経営陣の責任	
A.5.5	関係当局との連絡	
A.5.6	専門組織との連絡	
A.5.7	脅威インテリジェンス	
A.5.8	プロジェクトマネジメントにおける情報セキュリティ	
A.5.9	情報及びその他の関連資産の目録	
A.5.10	情報及びその他の関連資産の利用の許容範囲	○

表 2.1 （続き）

規格項番	管理策名	関連性
A.5.11	資産の返却	
A.5.12	情報の分類	
A.5.13	情報のラベル付け	
A.5.14	情報転送	
A.5.15	アクセス制御	○
A.5.16	識別情報の管理	
A.5.17	認証情報	
A.5.18	アクセス権	
A.5.19	供給者関係における情報セキュリティ	
A.5.20	供給者との合意における情報セキュリティの取扱い	
A.5.21	ICT サプライチェーンにおける情報セキュリティの管理	
A.5.22	供給者のサービス提供の監視，レビュー及び変更管理	
A.5.23	クラウドサービスの利用における情報セキュリティ	
A.5.24	情報セキュリティインシデント管理の計画及び準備	
A.5.25	情報セキュリティ事象の評価及び決定	
A.5.26	情報セキュリティインシデントへの対応	
A.5.27	情報セキュリティインシデントからの学習	
A.5.28	証拠の収集	
A.5.29	事業の中断・阻害時の情報セキュリティ	
A.5.30	事業継続のための ICT の備え	
A.5.31	法令，規制及び契約上の要求事項	
A.5.32	知的財産権	
A.5.33	記録の保護	
A.5.34	プライバシー及び PII の保護	
A.5.35	情報セキュリティの独立したレビュー	
A.5.36	情報セキュリティのための方針群，規則及び標準の順守	
A.5.37	操作手順書	
A.6.1	選考	
A.6.2	雇用条件	
A.6.3	情報セキュリティの意識向上，教育及び訓練	○
A.6.4	懲戒手続	

表 2.1 （続き）

規格項番	管理策名	関連性
A.6.5	雇用の終了又は変更後の責任	
A.6.6	秘密保持契約又は守秘義務契約	
A.6.7	リモートワーク	◎
A.6.8	情報セキュリティ事象の報告	
A.7.1	物理的セキュリティ境界	
A.7.2	物理的入退	
A.7.3	オフィス，部屋及び施設のセキュリティ	
A.7.4	物理的セキュリティの監視	
A.7.5	物理的及び環境的脅威からの保護	
A.7.6	セキュリティを保つべき領域での作業	
A.7.7	クリアデスク・クリアスクリーン	○
A.7.8	装置の設置及び保護	
A.7.9	構外にある資産のセキュリティ	○
A.7.10	記憶媒体	
A.7.11	サポートユーティリティ	
A.7.12	ケーブル配線のセキュリティ	
A.7.13	装置の保守	
A.7.14	装置のセキュリティを保った処分又は再利用	
A.8.1	利用者終端装置	○
A.8.2	特権的アクセス権	
A.8.3	情報へのアクセス制限	
A.8.4	ソースコードへのアクセス	
A.8.5	セキュリティを保った認証	
A.8.6	容量・能力の管理	
A.8.7	マルウェアに対する保護	
A.8.8	技術的ぜい弱性の管理	
A.8.9	構成管理	
A.8.10	情報の削除	
A.8.11	データマスキング	
A.8.12	データ漏えいの防止	
A.8.13	情報のバックアップ	

表 **2.1**　（続き）

規格項番	管理策名	関連性
A.8.14	情報処理施設の冗長性	
A.8.15	ログ取得	
A.8.16	監視活動	
A.8.17	クロックの同期	
A.8.18	特権的なユーティリティプログラムの使用	
A.8.19	運用システムに関わるソフトウェアの導入	
A.8.20	ネットワークのセキュリティ	○
A.8.21	ネットワークサービスのセキュリティ	
A.8.22	ネットワークの分離	
A.8.23	ウェブ・フィルタリング	
A.8.24	暗号の使用	
A.8.25	セキュリティに配慮した開発のライフサイクル	
A.8.26	アプリケーションのセキュリティの要求事項	
A.8.27	セキュリティに配慮したシステムアーキテクチャ及びシステム構築の原則	
A.8.28	セキュリティに配慮したコーディング	
A.8.29	開発及び受入れにおけるセキュリティ試験	
A.8.30	外部委託による開発	
A.8.31	開発環境，試験環境及び運用環境の分離	
A.8.32	変更管理	
A.8.33	試験情報	
A.8.34	監査試験中の情報システムの保護	

2.1　情報セキュリティのための方針群をレビューする

　規格附属書 A.5.1 “情報セキュリティのための方針群” では，情報セキュリティ方針及びトピック固有の個別方針群（複数存在することが想定される）を定義し，トップマネジメントなどの経営陣による承認と発行，組織の従業者などの関連する要員や委託先や顧客などの利害関係者へ周知を行うことを求めている．

　実施の手引5.1"情報セキュリティのための方針群"によると方針群の最も高いレベルのものとして"情報セキュリティ方針"が位置付けられ，この方針はトップマネジメントによって承認されるべきものであると記載されている．

　方針群のより低いレベルでは，"トピック固有の個別方針群"として位置付けられるが，これらの個別方針群は，適切なマネジメントレベルでの承認が必要となっている．

　個別方針群には，リモートワークに関する個別方針が含まれていることにも留意が必要である．実施の手引5.1"情報セキュリティのための方針群"からは，旧規格（JIS Q 27002:2014）と比較してリモートワーク（旧規格では，"テレワーキング"と表記）の記載が省略されたものの実施の手引6.7"リモートワーク"には，"リモートワーク活動を許可する組織は，関連する条件及び制限を定めたリモートワークに関するトピック固有の個別方針を発行することが望ましい．"と記載されている．したがって，リモートワークに関する個別方針は削除されたのではなく，現行規格においても含まれていると考えた方が自然である．

5.1　情報セキュリティのための方針群

実施の手引

…省略…

d）次のような，エンドユーザ関連のトピック

　1）資産利用の許容範囲（8.1.3参照）

　2）クリアデスク・クリアスクリーン（11.2.9参照）

　3）情報転送（13.2.1参照）

　4）モバイル機器及びテレワーキング（6.2参照）

　5）ソフトウェアのインストール及び使用の制限（12.6.2参照）

…省略…

引用：JIS Q 27002:2014

情報セキュリティのための方針群は，計画した間隔で及び重要な変化が発生

した場合に見直しを行うことが求められている．組織がリモートワークを開始するにあたって最上位の"情報セキュリティ方針"を含めて見直しを行うべきか，あるいは，トピック固有の個別方針群として見直し，あるいは，新規に作成すべきかどうかは，組織を取り巻く状況などを踏まえて判断する必要がある．

2.2 リモートワークに使用する利用者終端装置（例：モバイルパソコンなど）を適切に管理する

実施の手引8.1"利用者終端装置"は，一般，利用者の責任，個人所有の機器の使用，無線接続といった四つの構成になっている．

一つ目の一般は，2.1"情報セキュリティのための方針群をレビューする"にも関係する内容も含まれるが，トピック固有の個別方針群の一つとしてセキュリティを保った利用者終端装置の構成と取扱いの方針を策定することが記載されている．この方針群は，関連するすべての要員に伝達すべきである．

一般には，トピック固有の個別方針について考慮すべき事項 a）から o）が記載されているが，これらについて想定される具体的な対策に置き換えてみたので参考にされたい［表 2.2（個別方針に基づく対策の例）］．

表 2.2 個別方針に基づく対策の例

項番	対策の例
a	利用者終端装置で取り扱う情報資産の一覧を作成
b	利用者終端装置を登録し管理するための台帳を作成
c	移動中や自宅保管時の手順の整備
d	ソフトウェアのインストール制限（管理者権限を付与しない）
e	ソフトウェアの自動更新の仕組みを適用
f	利用者終端装置にファイアウォール機能を実装する
g	必要最小限のアクセス権の付与
h	ハードディスクの暗号化対策
i	マルウェア対策ソフトのインストール

表 2.2　（続き）

項番	対策の例
j	リモートから装置を無効化し，情報を消去する機能を実装する
k	データのバックアップ対策
l	ホームページの閲覧制御（好ましくないサイトにはアクセスさせない）
m	監視ツールのインストール（端末のログインやログオフ，各種操作内容などの記録）
n	USB ポートの無効化
o	シンクライアント端末の利用

　二つ目の利用者の責任には，"セキュリティ要求事項及び手順，並びにそのセキュリティ対策を実施する自らの責任について，全ての利用者に認識させることが望ましい."と記載されており，利用者終端装置のログオフやシャットダウン，画面ロック，公共の場所などでの利用（スクリーンフィルタの利用），盗難からの保護に関する管理策の考え方が示されている．

　三つ目の個人所有の機器の使用には，個人所有の機器（BYOD）では，個人使用と業務使用を区別すること，業務データの所有権や知的財産権に関する考慮事項，組織の機器へのアクセスの取決め，ソフトウエアライセンスの考え方が整理されている．

　四つ目の無線接続には，脆弱な仕組みを用いたアクセスの無効化やバックアップやソフトウェア更新に十分な帯域幅の無線を使用するといった留意事項が記載されている．

2.3　リモートワークのセキュリティ対策を実施する

　規格附属書 A.6.7 "リモートワーク"は，本書のタイトルにも直接関連する管理策であり，組織がリモートワークを行う場合のセキュリティ対策が記載さ

れている．2.1 "情報セキュリティのための方針群をレビューする"でも触れ
ているが，トピック固有の個別方針群の一つとしてリモートワークの方針を策
定することが記載されている．

　リモートワーク環境は，組織の事務所などとは異なる環境にあり，一般的に
は強固な物理的セキュリティ対策を講じることが困難であること，通信回線や
システム及びアプリケーションを異なる環境で利用すること，個人所有の機器
（BYOD）を利用する場合があること，家族や友人が機器などにアクセスを行
う場合があること，公共の場所からアクセスを行う場合があること，ファイア
ウォールによりネットワークが保護されていない場合があることなどを考慮し
た対策が求められていることが示されている．

　実施の手引 6.7 "リモートワーク"には，リモートワーク環境において考慮
すべき事項が記載されているが，これらについて想定される具体的な対策に置
き換えてみたので参考にされたい［表 2.3（リモートワーク環境において考慮
すべき対策の例)］．

表 2.3　リモートワーク環境において考慮すべき対策の例

項番	対策の例
a	個人所有の機器（BYOD）の利用を制限する場合の接続制御対策
b	許可される作業や利用可能なシステム及びサービスの一覧の整備
c	リモートワークを想定した訓練の実施 （セキュリティに配慮して業務を行う方法を含む）
d	画面ロックの仕組み，位置情報追跡，遠隔データ消去機能の実装
e	不在時には施錠するなどの最低限の物理セキュリティルールの整備
f	家族や訪問者には装置を利用させないルールや仕組みの整備
g	ハードウェア及びソフトウェアのサポート及び保守の用意
h	テレワーク保険への加入
i	バックアップや事業継続に関する手順の整備
j	セキュリティインシデント発生時の監査受け入れやセキュリティ監視の取決め
k	リモートワーク終了時のアクセス権削除や装置返却のルールの整備

2.4　情報セキュリティの意識向上，教育及び訓練を実施する

規格附属書 A.6.3 "情報セキュリティの意識向上，教育及び訓練" では，"職務に関連する組織の情報セキュリティ方針，トピック固有の個別方針及び手順についての，適切な，情報セキュリティに関する意識向上，教育及び訓練" の実施が求められている．その実施対象者は，組織の要員のみならず，関連する利害関係者（例：委託先事業者，サービスの利用者など）が含まれている点についても留意が必要である．なお，リモートワーク環境においては，同居人や家族，自宅への訪問者，飼育しているペット（しつけや教育などが可能な場合）も関連する利害関係者に含める必要性が生じる可能性がある．

意識向上，教育及び訓練を行う対象とすべき管理策（実施の手引 6.3 "情報セキュリティの意識向上，教育及び訓練" を参照している管理策を含む）を以下に抽出したので，参考にされたい［表 2.4（意識向上，教育及び訓練などを行う対象が含まれる管理策）］．

表 2.4　意識向上，教育及び訓練などを行う対象が含まれる管理策

実施の手引	管理策の概要
5.1	**情報セキュリティのための方針群** 情報セキュリティ方針及びトピック固有の個別方針は，意図する読者にとって適切で，アクセスでき，かつ理解しやすい形式で，関連する要員及び利害関係者に伝達することが望ましい．
5.10	**情報及びその他の関連資産の利用の許容範囲** 組織の情報及びその他の関連資産を利用する又はそれらにアクセスする要員及び外部の利用者に対し，情報及びその他の関連資産を保護し，取り扱うための情報セキュリティ要求事項を認識させることが望ましい．
5.13	**情報のラベル付け** 要員及びその他の利害関係者に，ラベル付けに関する手順を認識させることが望ましい．情報に正しくラベルが付けられ，それに応じて取り扱われることを確実にするために，全ての要員に必要な訓練を提供することが望ましい．

表 **2.4** （続き）

実施の手引	管理策の概要
5.15	**アクセス制御** 情報及びその他の関連資産の管理責任者は，アクセス制御に関連する情報セキュリティ及び業務上の要求事項を決定することが望ましい．これらの要求事項を考慮したアクセス制御に関するトピック固有の個別方針を定義し，関連する全ての関係者に伝達することが望ましい．
5.19	**供給者関係における情報セキュリティ** 組織は，供給者関係に関するトピック固有の個別方針を確立し，関連する全ての利害関係者に伝達することが望ましい． k) 供給者の要員とやり取りする組織の要員を対象とした，関与，トピック固有の個別方針，プロセス，手順及び行動に関する適切な規則（これは，供給者の種類，並びに組織のシステム及び情報への供給者によるアクセスのレベルに基づく．）についての意識向上訓練
5.21	**ICT サプライチェーンにおける情報セキュリティの管理** 供給者関係に関する一般的な情報セキュリティ要求事項に加えて，ICT サプライチェーンセキュリティ内の情報セキュリティに対処するために，次の事項を考慮することが望ましい． c) ICT 製品に関して，その製品に他の供給者又は他のエンティティ（例えば，下請負ソフトウェア開発者又はハードウェア構成部品供給者）から購入又は取得した構成部品が含まれる場合には，そのサプライチェーン全体に適切なセキュリティ慣行を伝達するよう ICT サービスの供給者に要求する．
5.23	**クラウドサービスの利用における情報セキュリティ** 組織はクラウドサービスの利用に関するトピック固有の個別方針を確立し，全ての関連する利害関係者に伝達することが望ましい．
5.27	**情報セキュリティインシデントからの学習** c) 発生し得るインシデントの事例，こうしたインシデントへの対応方法の事例，及び以後これらを回避するための方法の事例を示すことによって，利用者の意識向上及び訓練を強化する．
5.32	**知的財産権** 知的財産となり得るものを保護するために，次の事項を考慮することが望ましい． a) 知的財産権の保護に関するトピック固有の個別方針を定義し，伝達する．

表 2.4 （続き）

実施の手引	管理策の概要
5.34	**プライバシー及び PII の保護** 組織は，プライバシー及び PII の保護に関するトピック固有の個別方針を確立し，全ての関連する利害関係者に伝達することが望ましい.
6.4	**懲戒手続** 正式な懲戒手続は，次のような要素を考慮した段階別の対応を定めることが望ましい. d) 違反者は，適切に教育・訓練されていたかどうか.
6.5	**雇用の終了又は変更後の責任** 雇用の終了又は変更の後もなお有効な情報セキュリティに関する責任及び義務を定め，実施し，関連する要員及びその他の利害関係者に伝達することが望ましい.
6.7	**リモートワーク** リモートワーク活動を許可する組織は，関連する条件及び制限を定めたリモートワークに関するトピック固有の個別方針を発行することが望ましい. これによって認可されるとみなされる場合には，次の事項を考慮することが望ましい. c) 遠隔で作業する者及びサポートを提供する者のための訓練の用意. これは，遠隔で作業しつつセキュリティに配慮した方法で業務を行う方法を含むことが望ましい.
7.7	**クリアデスク・クリアスクリーン** 組織は，クリアデスク・クリアスクリーンに関するトピック固有の個別方針を確立し，全ての関連する利害関係者へ伝達することが望ましい.
7.10	**記憶媒体** 取外し可能な記憶媒体の管理のために，次の事項を考慮することが望ましい. a) 取外し可能な記憶媒体の管理に関するトピック固有の個別方針を確立し，取外し可能な記憶媒体を使用又は処理する全ての人にトピック固有の個別方針を伝達する.
8.1	**利用者終端装置** 利用者終端装置を保護するためのセキュリティ要求事項及び手順，並びにそのセキュリティ対策を実施する自らの責任について，全ての利用者に認識させることが望ましい.

表 **2.4**　（続き）

実施の手引	管理策の概要
8.7	**マルウェアに対する保護** マルウェアに対する保護は，利用者の適切な認識によって実施及び支援することが望ましい． m）　マルウェアに感染した電子メール，ファイル又はプログラムの受信，送信又はインストールを特定し，可能ならば軽減する方法について，全ての利用者に意識向上又は訓練を提供する．
8.19	**運用システムに関わるソフトウェアの導入** a）　運用ソフトウェアの更新は，適切な管理層の認可に基づき，訓練された実務管理者だけが実施する．
8.23	**ウェブ・フィルタリング** ウェブへのアクセスを含む，オンライン資源のセキュリティを保った適切な使用について，要員を訓練することが望ましい．訓練には，組織の規則，セキュリティ上の懸念を報告するための連絡先，及び制限されたウェブ資源に正当な業務上の理由によってアクセスする必要がある場合の例外プロセスを含めることが望ましい．ウェブサイトで，利用者が操作を進めることはできるがその場合にセキュリティが保たれないことを通知する，ブラウザアドバイザリを無効にしないことを確実にするように，要員を訓練することも望ましい．
8.25	**セキュリティに配慮した開発のライフサイクル** セキュリティに配慮したサービス，アーキテクチャ，ソフトウェア及びシステムを構築するには，セキュリティに配慮した開発が必要となる．これを達成するために，次の側面を考慮することが望ましい． h）　アプリケーションのセキュリティに関して必要な知識及び訓練
8.31	**開発環境，試験環境及び運用環境の分離** 組織は，エンドユーザーの訓練を実施する際，訓練環境に関してこのセクションで示した手引を考慮することも可能である．

2.5　情報及びその他の関連資産の利用の許容範囲に関するルールを定める

規格附属書 A.5.10 "情報及びその他の関連資産の利用の許容範囲" では，"情報及びその他の関連資産の利用並びに取扱手順の許容範囲に関する規則は，明

確にし，文書化し，実施する"ことが求められており，リモートワークにおいては，利用可能な情報の特定や取扱手順の整備が必要となる．例えば，紙の書類であれば，自宅に持ち帰ってもよいか，持ち帰る場合は許可が必要か，自宅ではどのように保管するのか，書類の廃棄は組織の事務所に持ち帰るのか，あるいは，シュレッダーのように書類を安全に廃棄する装置を自宅に設置して自らが廃棄するのかなどの取決めが必要である．一方で，電子データであれば，データの保管場所は，ローカル端末内とするか，組織のサーバーに限定させるか，データの出力を許可するかなどといった紙の書類とは異なるリスクを踏まえた取決めが必要となる．情報資産の取扱いは，図 2.3（情報資産取扱いのライフサイクル）に示すようなライフサイクルの観点から整理する方法が考えられる．

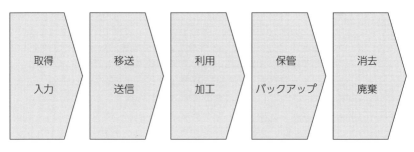

図 2.3　情報資産取扱いのライフサイクル

2.6　情報及びその他の関連資産への物理的及び論理的アクセスを制御するためのルールを定める

規格附属書 A.5.15 "アクセス制御"では，"情報及びその他の関連資産への物理的及び論理的アクセスを制御するための規則を，業務及び情報セキュリティの要求事項に基づいて確立し，実施する"ことが求められている．これらのアクセス制御対策を講じるにあたっては，知る必要性（need to know）と使用する必要性（need to use）の二つの原則を十分に検討する必要がある．

　この原則は，ファイアウォールの設定における基本的な考え方に通じるもの

がある. 例えば, ファイアウォールのパケットフィルタリング設定を行うにあたって, TCP 及び UDP という二つのプロトコルに対して, 0 〜 65535 番ポートの開放の有無を検討することになるが, 基本的には, まず初めにすべてのポートを禁止し, 必要なポートを許可するという流れで設定する. 例えば WEB サーバーであれば, 80 番 (http) と 443 番 (https) ポートを許可するのが一般的である. その場合, それ以外のポートは禁止されているため, 仮に WEB サーバー以外にシステムに脆弱性がある場合であっても外部の攻撃者は, その脆弱性を利用することができない. 追加のポートを許可する場合にはその必要性やリスクを検討したうえで設定を行うといった仕組みになっている.

これらの二つの原則についてリモートワークの事例を含めて表 2.5 (アクセス制御対策において考慮すべき二つの原則) に整理したので参考にされたい.

表 2.5 アクセス制御対策において考慮すべき二つの原則

原則	説明と事例
知る必要性 (need to know)	・それぞれの職務や役職に応じて必要となるアクセスだけが認められる 例: ・リモートワークで顧客対応を行うスタッフは, 組織の顧客データベースにアクセスすることができるが, サービスの売上を処理するバックオフィス部門のスタッフはアクセスできない. ・マネージャーは, 一般スタッフの人事考課に関する情報にアクセスできるが, 一般スタッフからは, アクセスできない.
使用する必要性 (need to use)	・それぞれの職務, 業務, 役割を実施するために必要な情報技術インフラストラクチャ (情報システム機器, アプリケーション, 手順, 物理的施設など) へのアクセスだけが認められる 例: ・リモートワークにおいて契約処理を行う部門は, 自宅のプリンタへの接続が必要となるため, USB ポートを解放しているが, それ以外の部門の職員は使用できなくなっている. ・営業部門のスタッフは, 顧客との打合せを行うため, サテライトオフィスの利用が認められているが, それ以外の部門の利用は認められていない.

2.7　モバイル機器などの組織の構外で使用する装置を保護する

　実施の手引 7.9 "構外にある資産のセキュリティ" には，"組織が所有する装置，及び個人が所有し組織のために用いる装置［私物装置の業務利用（BYOD）］を含む，情報を保管し又は処理する，組織の構外で使用する装置（例えば，モバイル機器）は全て保護する必要がある." と記載されており，身近な例としては，事務所や自宅など以外で，業務用パソコンや私物のスマートフォンや携帯電話を業務利用する場合などが想定される.

　例えば，新幹線や空港の待合所などのようなスペースで，メールの確認などといった業務を組織の情報セキュリティポリシーで許可する場合，事務所や自宅とは異なる公共の場所における様々なリスクを想定した対策と，関係者がリスクを十分に考慮できる力量を備えていることが前提となる.

　止むを得ず公共の場所での作業を許可する場合は，万が一の盗難に備えて必要最小限の情報のみの保管に留め，情報の暗号化対策やリモートワイプ機能を導入するといったような対策が考えられる. 暗号化対策が施されていれば，盗難にあった場合であっても情報漏えいであることには変わりはないが，情報に鍵がかけられた状態となっており，鍵を開けられてしまうまでの時間を稼ぐことができる. その間にリモートワイプが成功すれば，情報が消去されるので，情報漏えいではなくなり，単なるパソコンの盗難といった被害に限定されることになる.

　また，作業を行う環境にも注意が必要である. 隣や後ろの席からの画面がたまたま見られてしまうリスクが想定されることから，覗き見防止フィルターによって画面を保護する対策も有効である.

　その他の個別の状況においても，様々なリスクが想定される. トイレに行く場合は，だれも見ていないときに盗難されるリスクがあることから，パソコンは肌身離さずというルールを徹底している組織も少なくはない. これは大袈裟な話ではなく，海外では少し目を離した隙にパソコンが盗難されたという事例が少なからず発生しており，グローバル視点で考えると当たり前の対策である

かもしれない．さらに細かな視点では，新幹線の座席もトイレ側から見える位置とそうでない場合のリスクについては，盗難リスクが異なってくる．途中の駅に停車するときも盗難後に逃走されやすくなるリスクが高くなるため，その時間帯は席を外すことを避けるなどといったこともリスクを低減することになる．このような考え方は，規格の情報セキュリティリスクアセスメントの考え方に通じるものがあるが，その一方で細かな視点をすべてルールとして反映するには限界があることから，おのおのがその状況や場面に応じてリスクを想定し，必要な対応を行うことが重要となってくる．

2.8　クリアデスク・クリアスクリーン対策を実施する

　実施の手引 7.7 "クリアデスク・クリアスクリーン"には，"組織は，クリアデスク・クリアスクリーンに関するトピック固有の個別方針を確立し，全ての関連する利害関係者へ伝達することが望ましい."と記載されている．クリアデスク・クリアスクリーンは，情報セキュリティ対策の基本ではあるが，多くの組織ではその対策を徹底することについて苦労しているように感じられる．近年は，情報を取り扱う業務は，机上のみならず，パソコンなどで行われることが多くを占めることから，クリアデスク・クリアスクリーンの対象をパソコン環境にも適用することが一般的である．パソコンのデスクトップ上に多くのファイルが煩雑に保管されていることを目にすることがあるが，整然と整理されているものと比較すると，誤ってファイルを削除してしまうリスクや利用すべきファイルがすぐにみつからないといったリスクは明らかに高くなる．

　実施の手引 7.7 "クリアデスク・クリアスクリーン"に記載されている考慮事項をリモートワーク環境に当てはめた対策に置き換えてみたので管理策を検討される際には参考にされたい．［表 2.6（クリアデスク・クリアスクリーン対策の適用例）］．

表 2.6　クリアデスク・クリアスクリーン対策の適用例

項番	対策の適用例
a	・止むを得ず重要な書類を自宅で保管する場合には，施錠可能な机の引き出し，あるいは，書庫を利用する （あるいは，自宅に重要な書類を持ち帰ることを禁止する） ・リモートワーク中に届いた郵便物の中でも重要な書類については，投函可能な鍵付きのロッカー内に保管する ・シェアハウスのように家族以外の複数の人と同居している場合には，外出時にノートパソコンは鍵付きの金庫に保管する （あるいは，セキュリティを保つことが困難な環境であれば，自宅では作業を行わず，近隣のサテライトオフィスやコワーキングスペースを契約する）
b	・一時的に離席する場合には，家族やペットがパソコンを誤って操作しないように直ちにパスワード付きのスクリーンセイバーを起動させる
c	・離席時にパスワード付きのスクリーンセイバーを起動させるのを忘れた場合を想定して，5 分間何も操作しない場合に自動的にスクリーンロックが設定されるような仕組みを実装する
d	・プリントアウトを行った場合には，直ちに回収する．ミスプリントについても重要な情報が含まれている可能性があるため，シュレッダーによる廃棄を徹底する （あるいは，プリントアウトを禁止する）
e	・業務用途で使用しているスマートフォンや携帯電話には，業務に関連する情報が保管されている可能性があるため，廃棄時には，適切な方式でデータの消去を行う
f	・WEB 会議中に画面上に特定のアプリケーションのポップアップが自動表示されるように設定している場合，その情報が他者にみられることで情報漏えいとなる可能性があるため，一時的にポップアップの機能を停止させる
g	・WEB 会議や電話応対などで，紙のメモを残す場合にも重要な情報が含まれている可能性があるため，シュレッダーによる廃棄を徹底する （あるいは，紙のメモは残さないで，パソコンでメモを残す）

2.9 リモートワーク環境におけるネットワークのセキュリティを確保する

　リモートワーク環境において職員に一律で，ポケット Wi-Fi を支給してネットワーク接続を行う場合には，統一的なネットワークの管理が可能であるが，コストの関係から自宅のネットワーク利用を容認するという考え方もある．自宅のネットワークにおいて，無線 LAN を利用する場合には，セキュリティ上考慮すべき事項がある．

　無線 LAN は有線 LAN と比較すると，不正接続や盗聴といったリスクが高くなる．採用される無線 LAN の仕組みも日進月歩となっており，ついこの前まで安全な方式であったのに現在は危険となることも少なくない．そのため，無線 LAN 装置の設定にもそれなりの知識と力量が要求されてくる．仮に VPN のような方式でパソコンと組織間のネットワークが暗号化されていた場合であっても無線 LAN への不正接続のリスクは排除できない．仮に業務で利用している（あるいは，利用が許可されている）自宅の無線 LAN が不正アクセスの踏み台になった場合には，攻撃元として誤認逮捕される可能性もゼロではなく，その場合には，組織側もセキュリティについてどこまで本人に認識させていたかの説明責任が発生することが考えられる．

　また，上記のような機密性のみならず，可用性にも配慮が必要である．WEB 会議を行っていると稀に相手方の通信が一時的に切断されることがあるが，無線 LAN が影響している可能性が高い．電波が不安定な状態であると，近くに大きなトラックが走行しただけで一時的に通信が切れることやマンションのような集合住宅の場合は，他の無線 LAN の周波数が干渉することで利用できなくなることもある．重要な打合せのときに通信が頻繁に切断される状況が発生すると業務に大きな影響が生じることは避けられない．

　組織の事務所では，当たり前のように使えていたサービスであっても自宅での利用となるとそれぞれの環境や条件が異なるため，利用に制限が生じる場合がある．自宅環境などを想定した異なる観点からもリスクアセスメントを実施

することを推奨したい.

第3章 トップマネジメントが行うこと

トップマネジメントとは，一般的に組織を代表して責任をもつ者を指すことから，例えば会社法における株式会社であれば代表取締役となる．一方で，規格では，"経営陣"という用語も用いられているが，組織経営に携わる関係者のことを指しており，トップマネジメントも含まれていると解釈できる．また，特定の部門でISMSを運用する場合には，トップマネジメントから権限移譲が行われることで"経営陣"がトップマネジメントの役割を与えられるといった事例も想定される．本章では，リモートワークを導入し，運用する組織において，これらのISMSにおけるトップマネジメントに想定される役割と実施すべき事項を述べる．

3.1 リモートワークを導入するか否かの意思決定を行う

感染症の拡大に伴い，政府や自治体からの不要不急の外出自粛要請やリモートワークでの勤務形態の推奨を背景として新たにリモートワークの導入を開始した組織は少なくない．組織にリモートワークを導入するか否かは，感染症の拡大対策といった事業継続の観点のみならず，業務における実効性（リモートワークに向いていない業務も存在する），業務の効率性，働き方改革に関連する課題，組織のITに関連する成熟度，情報セキュリティに関する考慮事項などといった様々な観点を踏まえた決定事項となる．

情報セキュリティに関連した意思決定プロセスについては，1.1 "リモートワークの導入における外部及び内部の課題を決定する"及び1.2 "リモートワークに関連する利害関係者のニーズ及び期待を理解"及び1.3 "外部及び内部の課題，利害関係者の要求事項を踏まえ，ISMSの適用範囲を決定する"に関連

している.

　1.6 "組織における外部及び内部の課題,利害関係者の要求事項を考慮し,リスク及び機会を決定する"には,"取り扱うデータをローカルドライブに保管しない運用に変更したことによって,結果的に情報セキュリティのレベルが向上する"及び"自分のペースで仕事ができるためワーク・ライフ・バランスという観点から充実したというプラスの要素が生じた"というような事例を記述しているが,これらについては,リモートワーク導入の決定を後押しする要因になるであろう.

3.2　情報セキュリティリスクアセスメントを実施する

　感染症対策においてリモートワークの導入を決定する段階でのリスクアセスメントは,ある意味ではスピード感が求められることから詳細なリスクアセスメントの実施というよりも上位レベルでのリスクアセスメント(1.7 "情報セキュリティリスクアセスメントを実施する"参照)が現実的である.リモートワークは,組織の事務所以外の自宅や公共のスペースなどでの作業が想定され,情報の持ち出しに関する様々なセキュリティリスクが考えられる.これらのリスクや情報セキュリティ対策を実施する必要性についてトップマネジメントが認識できる粒度でのリスクアセスメントの実施が望まれる.

　また,多くのISMS認証取得組織では,詳細なリスクアセスメントについては,文書化した手順を作成しているが,上位レベルでのリスクアセスメントは手順化されていない.規格6.1.2 "情報セキュリティリスクアセスメント"では,"情報セキュリティリスクアセスメントのプロセスについての文書化した情報を保持しなければならない."ことが求められており,追加で実施するリスクアセスメントのプロセスが存在するのであれば,そのプロセスの文書化が必要となる.

3.3 情報セキュリティ体制の見直しを行う

リモートワークの導入により,業務環境の変更や新たなシステムやサービスの導入に伴う情報システム環境の変更が生じる可能性がある.これらの変更に伴って顕在化する情報セキュリティリスクに対して,継続的に対応できる体制になっているかという観点から情報セキュリティ体制の見直しを行うことが重要である.環境の変化に伴い新たに情報システムに対して経営資源の投資が必要となることやそれぞれの職務において必要とされる力量が変更となる可能性がある.必要な力量を身につけるための処置や力量を備えた要員の配置,外部委託などの必要性についての検討といった対策の積極的な支援が望まれる.

3.4 情報セキュリティ方針の見直しを行う

規格附属書 A.5.1 "情報セキュリティのための方針群" では,"情報セキュリティ方針及びトピック固有の個別方針は,これを定義し,経営陣によって承認され,発行し,関連する要員及び関連する利害関係者へ伝達し認識され,計画した間隔で及び重要な変化が発生した場合にレビューすること" と記載されており,リモートワークを新たに導入する場合には重要な変化となる可能性が高い.規格(用語定義)では,方針(policy)は,"トップマネジメントによって正式に表明された組織の意図及び方向付け." と定義されており,リモートワークの導入により,組織の意図や方向付けについて変化が生じていないかという視点で情報セキュリティ方針を改めて検証し,必要と判断した場合には,適宜見直しを実施する.

なお,情報セキュリティ方針の見直しを行った場合には,関係者にその内容を再周知する必要がある.

3.5　トピック固有の個別方針（例：対策基準，実施手順など）の見直しを行う

トピック固有の個別方針は，3.4"情報セキュリティ方針の見直しを行う"でも触れた情報セキュリティ方針を上位概念として紐付けられる個別方針群を構成する概念である．どの文書に個別方針が含まれるかは，組織の文書管理の仕組みによって異なるが，例えば，対策基準や実施手順といった文書体系を構築している場合には，それらの文書の中に含まれている可能性がある．また，トピック固有の個別方針は，情報セキュリティ方針とは異なり，必ずしもトップマネジメントによって承認される文書とはならない（詳細は，2.1"情報セキュリティのための方針群をレビューする"参照）が，その場合であってもどのような情報セキュリティのリスクへ対応するために変更が行われたかなどの把握をしておかなければならない．また，トップマネジメントとして，トピック固有の個別方針の変更を指示する必要が生じる場合もある．

情報セキュリティ方針と同様にトピック固有の個別方針についても見直しを行った場合には，関係者にその内容を再周知する必要がある．

3.6　リモートワークによって想定される情報セキュリティリスクへの対応を行う

ISMSでは継続的なリスクアセスメントの実施が求められており，守るべき情報に対しての機密性，完全性及び可用性の喪失に伴うリスクに対して対策を検討するといったプロセスを繰り返し実施する．このときにリモートワーク導入前に実施したリスクアセスメントでは想定していなかったリスクがあるタイミングで明らかになる場合も考えられる．特定されたリスクのうち容認できないレベルのものはリスク対応計画に準じた実施が必要となる．なお，対策を実施したからといっても情報セキュリティでは100%安全ということは存在しないことから，残留リスク（リスク対応後に残っているリスク）についても明ら

かにしておく必要がある．なお，トップマネジメントがリスク所有者（リスクを運用管理することについて責任と権限を有しているものを指す）としての役割を負っている場合には，リスク対応計画と残留リスクについて承認を行う必要があることに留意されたい．

3.7 情報セキュリティ教育の実施を支援する

世の中で発生する情報セキュリティインシデントの多くは，人に起因している．情報セキュリティ意識の低下によって発生した事例は，様々なものが確認されており，ちょっとした気の緩みから発生しているものがほとんどである．特に審査を行っていると情報セキュリティインシデントは，酒気を帯びた状態で発生しているケースが多いように思われる．車の運転では，飲んだら運転しないのが常識となっており，情報セキュリティについても同様だと考えられるが十分にその考え方が浸透していないと思われる事例を確認することがある．

ある組織では，トップマネジメントが毎朝の朝礼で情報セキュリティの注意喚起を繰り返し行うなどといった関係者に対する情報セキュリティの意識付けを重要事項として捉えて実践している組織も少なからず存在する．

特にリモート環境においては，事務所とは異なり，情報セキュリティの統一的なルール適用が困難であり，個々の担当者の判断に委ねられる場合やセキュリティの意識が薄れがちになる場合がある．

リモートワークを契機に情報セキュリティのルールを見直し，新たに認識すべき情報セキュリティの観点について周知する体制や仕組みに対して十分な経営資源の提供が必要である．

3.8 情報セキュリティインシデント対応体制の見直しを行う

リモートワーク環境では，事務所とは異なり，コミュニケーションの方法が大きく変化する可能性がある．例えば，事務所内では机の近くに座っている上

司や同僚に話しかけて相談することが容易であるが，リモートワークでは
SNSのようなコミュニケーションツールの利用というように異なった方法や
自宅環境での制限事項が生じることが想定される．どのような方法であっても，
情報セキュリティインシデント，あるいは，その可能性を含む事象が発生した
ときに，担当者から責任者に対して速やかに報告が行われ，その重要度に応じ
てトップマネジメントにまでその報告が正確に到達することが重要である．

　体制が適切に機能するかどうかは，対応フローの読み合わせや報告を想定し
た訓練を行うことで検証することができる．検証の結果，改善が必要な点が確
認された場合は，対応体制の見直しも含めた検討を行う必要がある．

3.9　供給者（委託先を含む）管理の状況を把握する

　供給者は規格特有の用語となっており，漠然としているため，委託先という
用語が含まれていると考えるとわかりやすい．供給者は，製品やサービスを提
供する者に分類されるが，後者は様々な形態が想定される．広義には，ICTサ
プライチェーンを構成するクラウドサービスなどが含まれると考えられる．

　供給者の管理が不適切で，委託先で情報セキュリティインシデントが発生し
た場合は，委託元に説明責任が生じることになるため，委託先やその再委託先
を含めたサプライチェーン全体で情報セキュリティ対策を徹底する必要がある．

　組織が認めた一定の基準を満たす委託先のみを選定し，情報セキュリティに
関する契約の締結などに漏れがないようにしなければならない．また，契約の
みで担保するのではなく，定期的に運用状況を確認することや必要に応じて二
者監査を実施するなどの対応も必要である．

　委託する業務がリモートワーク環境に移行となった場合には，取り扱う情報
の管理方法や利用する情報システムの構成などが変更となるため，新たなリス
クが想定されないかという観点からレビューを行う必要がある．

3.10 マネジメントレビューにより，ISMS の全体プロセスを把握し，継続的に改善するための機会を提供する

　規格 9.3 "マネジメントレビュー"では，組織の ISMS においてトップマネジメントの視点により ISMS 全体の取組みについてレビューを行うことが定められている．このレビューは，単独で開催する場合もあるが，組織の経営陣が参加する役員会や情報セキュリティ委員会といった会議の枠内で開催する場合もある．

　初めてリモートワークを取り入れた年度に実施するマネジメントレビューは，リモートワークが大きなテーマになるであろう．リモートワークに関連するリスクアセスメント及びその対応状況，情報セキュリティ目標の達成状況，情報セキュリティインシデントの発生状況，内部監査の実施状況，不適合に対する対処状況などの報告を受けてマネジメントシステム全体のプロセスを総括する．

　これらの報告をインプットとし，ISMS の改善の機会や ISMS のあらゆる変更の必要性に関する決定をアウトプットとして組織の ISMS 管理責任者や推進事務局に指示を行うプロセスとなっている．

第4章　管理責任者及び推進事務局が行うこと

　管理責任者*は，組織のトップマネジメントより ISMS を管理及び運用することについて責任及び権限が与えられた者のことをいい，ISMS 管理責任者，ISMS 運用責任者などと呼ばれる場合もある．推進事務局*は，ISMS 管理責任者の指示のもと組織全体の立場で ISMS の運用を支援する担当者，あるいは複数の担当者のことをいい，ISMS 推進事務局，ISMS 事務局などと呼ばれる場合もある．本章では，リモートワークを導入し，運用する組織において，これらの ISMS における管理責任者及び推進事務局に想定される役割と実施すべき事項を述べる．

4.1　ISMS 適用範囲及び ISMS 認証登録範囲に関する方針を明確にする

　1.3 "外部及び内部の課題，利害関係者の要求事項を踏まえ，ISMS の適用範囲を決定する" でも触れているが，リモートワークを導入することで ISMS 適用範囲（"ISMS 認証登録範囲" を含む，以降も同様とする）の変更が生じる可能性がある．ISMS 適用範囲は，事業・組織・所在地・資産・技術（例えば，ネットワーク構成，あるいは，クラウドサービスの形態や領域など）の観点からその適用範囲及び境界が明確になっていることが望まれる．

　ISMS の適用範囲が変更される可能性がある場合は，ISMS 認証機関（ISMS 審査を実施する機関）とも早い段階で情報を連携することを推奨する．ISMS の適用範囲に大幅な変更が発生すると，定例の審査サイクルとは別にシステム

---

　*　規格では，管理責任者及び推進事務局の任命を必ずしも要求している訳ではないが，多くの ISMS 組織において典型的な事例となっていることから，本書ではこれらの体制が構築されているといった前提で記載を行っている．

変更確認審査を臨時で実施しなければならない場合があることから，ISMS 認証機関と十分に認識を合わせておいた方がよい．

　ISMS 認証取得を前提とした業務を受託している場合には，変更後の ISMS 認証登録範囲が受託要件を引き続き満たすのか，変更後の新しい表記が反映された ISMS 認証登録証がどのタイミングで必要になるかなどもあらかじめ確認しておくことが無難である．

　ISMS の制度上，毎年の維持審査（サーベイランス審査）と 3 年に 1 回の再認証審査（更新審査）といった審査サイクルが一般的であるが，ISMS 認証登録証の更新が行われる再認証審査（更新審査）のときに，同時にシステム変更確認審査を実施することが審査の工数や費用面を考慮すると最も合理的であると考えられる．

　なお，ISMS 適用範囲の変更が生じた場合には，規格の文書化要求によって作成した ISMS 適用範囲に関する文書の改訂を行う必要がある（1.3 "外部及び内部の課題，利害関係者の要求事項を踏まえ，ISMS の適用範囲を決定する" 参照）．

　規格では ISMS 適用範囲と ISMS 認証登録範囲を明確に区別していないため，ISMS 適用範囲をそのまま ISMS 適用範囲に関する文書として作成する場合と，便宜上，ISMS 認証登録範囲のみを ISMS 適用範囲に関する文書として作成する場合の二つの事例が存在することに留意されたい．ISMS 認証登録範囲と ISMS 適用範囲の考え方は，1.3 "外部及び内部の課題，利害関係者の要求事項を踏まえ，ISMS の適用範囲を決定する" 表 1.1（ISMS 適用範囲と ISMS 認証登録範囲の考え方）を参照してほしい．

4.2　情報資産台帳* の更新を行う

情報資産台帳を作成する意義としては，組織が保護すべき情報あるいは情報

---

* 情報資産目録，情報資産管理台帳などのように組織が任意に名称を決めても問題ない．

に関連する資産を特定し，適切な管理責任を割り当てることで関係者の認識を高めることにある．また特定した情報資産からリスクアセスメントのプロセスと連携させるような仕組みで運用している事例もある．

リモートワークを導入することで，情報資産の所在や取扱い方法が変更となる可能性がある．変更が生じた場合は情報資産台帳の見直しが必要となってくるであろう．変更となる情報資産の取扱い方法について，2.5 "情報及びその他の関連資産の利用の許容範囲に関するルールを定める" 図2.3（情報資産取扱いのライフサイクル）に示すような情報資産取扱いのライフサイクルに基づいて明らかにしていく方法が考えられる．特にこれまで実施していなかったプロセスや手順が追加された場合や新たなシステムが導入された場合には，入念に検証を行った方がよい．

情報資産の洗出し作業は，現場の部門で実施されているケースが多い．情報資産台帳は，適宜更新されるべきものであり，それを取り扱う現場に管理を任せる運用は合理的である．そのような運用において管理責任者及び推進事務局の役割として期待されることは，全体に共通する仕組みの整備や部門間調整などがあげられる．

4.3 情報セキュリティリスクアセスメントを実施する

1.7 "情報セキュリティリスクアセスメントを実施する" で触れた上位レベルでのリスクアセスメントではなく，詳細リスク分析（ただし，複雑な仕組みでなくてよい）の実施を本項は前提としている．リスクアセスメントの方法は様々なものが想定されており，組織が実施しやすい最適な方法を選択されることを推奨したい．

規格が要求しているリスクアセスメントの要件の中でも特に重要なポイントを表4.1（ISMS のリスクアセスメントの要件）に整理した．

表 4.1　ISMS のリスクアセスメントの要件

項番	重要なポイント
1	情報の機密性，完全性及び可用性の喪失に伴うリスクを特定する
2	特定されたリスクが実際に生じた場合に起こり得る結果についてアセスメントを行う
3	特定されたリスクの現実的な起こりやすさについてアセスメントを行う
4	分析したリスクの優先順位付けを行う

　情報セキュリティリスクアセスメントの実施は，管理責任者や推進事務局だけが行う作業ではないことをここでは強調しておきたい．情報セキュリティリスクの多くは現場にあると言われており，部門の推進担当者や現場の担当者から積極的なフィードバックを得ることで情報セキュリティリスクアセスメントの有効性は向上する．

　リモートワーク導入にあたって実施した上位レベルのリスクアセスメントの結果とリモートワーク導入後の詳細リスク分析の結果に差異が発生することも考えられるが，その場合は，情報セキュリティリスク対応のプロセスにおいて方針や具体的な対策の検討を行う流れとなる（4.4 "トップマネジメントに情報セキュリティリスクアセスメントの結果をフィードバックし，リスク対応に関する方針を決定することの支援を行う"参照）．

4.4　トップマネジメントに情報セキュリティリスクアセスメントの結果をフィードバックし，リスク対応に関する方針を決定することの支援を行う

　4.3 "情報セキュリティリスクアセスメントを実施する"の結果で明らかになったリスクについて，リスク対応に関する方針を決定するプロセスには，いくつかのリスク対応の選択肢の中から選定を行うことが含まれる．その選定にあたっては，リスク対応の結果で得られるメリットと必要とされる組織の人的

資源やコストとのバランスを考慮することが重要である．ISO 31000:2018（リスクマネジメント‐指針）に記載されているリスク対応の選択肢を参考にリモートワークで想定される事例を表 4.2（リスク対応の選択肢の例）に整理した．

表 4.2 リスク対応の選択肢の例

項番	リスク対応の選択肢	説明と事例
1	回避	リスクが発生する原因を根本的に除外するために，当該サービスや業務などを実施しない． 【事例】 ・マイナンバーの取扱い業務については，リモートワーク環境では実施せずに，組織の事務所内のみで行う．
2	最適化	リスクが発生した場合の損失を軽減する，若しくは発生の可能性を低減する． 【事例】 ・リモートワーク時のパソコンの紛失に備えて，ローカルドライブでの情報保管を禁止する． ・モバイルパソコンを携帯しているときには，飲み会に参加しない．
3	移転（共有）	保険会社やアウトソーシング先と当該リスクを共有する． 【事例】 ・情報漏えい保険に加入する． ・クラウド型の VPN 接続サービスを利用する．
4	保有	当該リスクの存在を十分に認識し，あえて対応を行うことをしない． 【事例】 ・キャリアの通信障害に備えるために自宅に 2 台のモバイル Wi-Fi を支給することを検討したが，費用対効果が見込めないため，断念した． （キャリアの通信障害が発生した場合は，止むを得ず自宅での業務を中断する）

リスク対応の選択肢により対策を実施した場合であっても，リスクが残ることが考えられるが，そのようなリスクのことを残留リスクという．例えば，表4.2 "リスク対応の選択肢の例" の "最適化" において，ローカルドライブでの情報保管を禁止するためにパソコンの制限を行った場合であっても，想定外のシステムのバグにより意図しないでローカルドライブに情報が保存されることや，担当者がスマートフォンで画面を撮影することが考えられる．前者については，バグが発生しないことを検証するための試験を実施し，今後システムの更新がされるタイミングで継続的に実施することなどがリスク低減策として考えられる．後者については，組織のルールとして規定し，周知することが考えられる．残留リスクへの対策をどこまで実施するのかという最終的な判断を行うプロセスとなっている．

なお，対策が完了するまでの期間は，リスクが想定されるレベルにまで低減されていないことから，それらの期間についても残留リスクとして考えることができる．期間について容認できないのであれば，急いで対策を講じることになるが，その場合は，組織の人的資源やコスト負担が通常よりも多くなることも想定される．リスク対応のプロセスでは，これらの対策に関する検討を反復的に実施していくことになるが，実施方法やスケジュールを正式な文書として規定したものがリスク対応計画となる．

規格では，リスク対応の選択肢の実施に必要な管理策を決定することを求めていることから，リスク対応のプロセスにおいて規格附属書Aとの関係性を明確にする必要がある．管理策の適用事例は，第2章 "管理策に対して留意すべき重要ポイント" 図2.2（管理策の適用事例）が参考になるが，新たにリモートワークを導入するにあたっては，ISMS構築段階で実施したような管理策の選定や検証作業を改めて実施することになる．その結果，規格附属書Aの管理策の採否に影響がある場合には，適用宣言書の改訂が必要となる．

なお，規格6.1.3 "情報セキュリティリスク対応" では，"情報セキュリティリスク対応計画及び残留している情報セキュリティリスクの受容について，リスク所有者の承認を得る．" ことが求められている．リスク所有者とは，リス

クを運用管理することについて責任と権限を有しているものを指しており, トップマネジメントがリスク所有者としての役割を負っている場合には, トップマネジメントが十分に理解できる粒度で, リスク対応計画と残留リスクを明文化することが重要である.

4.5 情報セキュリティ方針, トピック固有の個別方針を含む ISMS 関連文書の見直しを行う

　情報セキュリティ方針やトピック固有の個別方針の見直しの観点については, 第 3 章 "トップマネジメントが行うこと" でも触れているが, 情報セキュリティ方針やトピック固有の個別方針のような上位の文書が変更された場合には, その下位の関連文書についても変更が必要となる.

　ISMS 関連文書には, 様々な形態が存在し, 文書の目的や承認方法に応じて類型化されることが多い. 例えば, 情報セキュリティ方針のようにトップマネジメントの承認が必要なもの, 組織の内部規定のように経営陣が承認に関与するもの, ISMS 推進事務局が管理する文書, 各部門が管理する文書のように分類することができる. ISMS 管理責任者や推進事務局は, 組織全体の視点でこれらの文書の実態を把握できる立場となっていることから, 文書間の整合性確認や改版の管理といった役割を担うことが期待される. 具体的な管理の仕組みとしては, 文書管理台帳を用いた運用が一般的である.

　組織のルールの中には, 実施手順のように明文化されているもの（規格では, "文書化した情報" と表現されている）とセキュリティ慣行のように明文化されていないが, ルールとして定着しているものが存在する. リモートワークが新たな取組みとなる組織においては, セキュリティ慣行についても変更が生じる可能性があり, 関係者の認識を統一するといった目的からもルールの明文化が必要となる場合があることについて留意が必要である.

　セキュリティ慣行を文書化する必要性の有無については, サンプリングで抽出した数名の関係者にそのルールについて質問を行い, 全員から同じ回答が

返ってきた場合は文書化を不要とし，異なる回答が返ってきた場合には必要とするといった考え方もある．ISMS における文書化要求は，組織の慣習や運用実態に応じて変化するが，規格において "文書化" というキーワードがあるものなどについては，すなわち規格要求事項となるため，文書化が必須となる．規格が文書化を要求している（あるいは，文書化が必要となる可能性が高いものを含む）文書や記録類について表 4.3（規格が言及している文書化の対象）に整理したので参考にされたい．

表 4.3　規格が言及している文書化の対象

規格項番	文書化の対象
4.3	ISMS の適用範囲
5.2	情報セキュリティ方針
6.1.2	情報セキュリティリスクアセスメントプロセス
6.1.3	適用宣言書 ※ "適用宣言書" 自体が文書であり，その作成が求められている．
6.1.3	情報セキュリティリスク対応プロセス
6.2	情報セキュリティ目的
7.2	力量の証拠
8.1	プロセスの実施結果 （プロセスの計画に対して確信が得られる程度）
8.2	情報セキュリティリスクアセスメント結果
8.3	情報セキュリティリスク対応結果
9.1	監視・測定結果
9.2	内部監査プログラム及び監査結果
9.3	マネジメントレビュー結果
10.1	不適合の性質及びとった処置，是正処置結果
A.5.1	情報セキュリティ方針及びトピック固有の個別方針 ※定義及び承認と発行が求められている
A.5.10	情報及びその他の関連資産の利用並びに取扱手順の許容範囲に関する規則

表 4.3 （続き）

規格項番	文書化の対象
A.5.15	アクセス制御 ※規則を確立することが求められている ※ ISO/IEC 27002:2022 対訳版 3.1　用語の定義において"規則は，トピック固有の個別方針及びその他の種類の文書において正式に表現することが可能である"と記載されている
A.5.19	供給者の製品又はサービスの使用に関連する情報セキュリティリスクを管理するためのプロセス及び手順 ※プロセス及び手順を定義することが求められている
A.5.21	ICT 製品及びサービスのサプライチェーンに関連する情報セキュリティリスクを管理するためのプロセス及び手順 ※プロセス及び手順を定義することが求められている
A.5.24	情報セキュリティインシデント管理のプロセス，役割及び責任 ※プロセス，役割及び責任を定義することが求められている
A.5.26	情報セキュリティインシデント対応手順
A.5.31	情報セキュリティに関連する法令，規制及び契約上の要求事項，並びにこれらの要求事項を満たすための組織の取組み
A.5.37	情報処理設備の操作手順
A.6.2	雇用契約書への要員及び組織の責任 ※契約書への記載が求められている
A.6.6	秘密保持契約又は守秘義務契約
A.7.7	書類及び取外し可能な記憶媒体に対するクリアデスクの規則 並びに情報処理設備に対するクリアスクリーンの規則 ※規則を定義することが求められている ※ ISO/IEC 27002:2022 対訳版 3.1　用語の定義において"規則は，トピック固有の個別方針及びその他の種類の文書において正式に表現することが可能である"と記載されている
A.8.3	アクセス制御に関する確立されたトピック固有の個別方針
A.8.9	ハードウェア，ソフトウェア，サービス及びネットワークのセキュリティ構成
A.8.13	バックアップに関するトピック固有の個別方針

表 4.3 （続き）

規格項番	文書化の対象
A.8.24	暗号の使用 ※規則を定めることが求められている ※ ISO/IEC 27002:2022 対訳版 3.1　用語の定義において"規則は，トピック固有の個別方針及びその他の種類の文書において正式に表現することが可能である"と記載されている
A.8.25	セキュリティに配慮した開発のライフサイクル ※規則を確立することが求められている ※ ISO/IEC 27002:2022 対訳版 3.1　用語の定義において"規則は，トピック固有の個別方針及びその他の種類の文書において正式に表現することが可能である"と記載されている
A.8.27	システムを構築するための原則
A.8.29	セキュリティ試験のプロセス ※プロセスを定義することが求められている

4.6　組織共通の上位の情報セキュリティ目標の見直しを行う

　規格 5.2 "方針"では，情報セキュリティ方針の確立にあたって，"情報セキュリティ目的を含むか，又は情報セキュリティ目的の設定のための枠組みを示す."及び規格 6.2 "情報セキュリティ目的及びそれを達成するための計画策定"において，情報セキュリティ目標について，"情報セキュリティ方針と整合している."ことが求められており，情報セキュリティ方針の見直しが行われた場合には，情報セキュリティ目標についても見直しが必要となる可能性が高くなると考えられる．

　関連する部門及び階層において作成された情報セキュリティ目標についてもリモートワーク運用においては，大きく変更となる可能性がある．部門によっては運用の変更に対して現行の情報セキュリティ目標が整合しないケースも考えられることから，推進事務局において，新たな目標作成に向けた支援や部門間での調整を実施することが望まれる．

　初期の運用段階では，推進事務局の方で情報セキュリティ目標の共通雛形を

作成し，部門固有の部分についてカスタマイズなどを検討してもらうというような方法も効率的であると考えられる．

4.7 リモートワーク実施者が日々の業務で留意すべき事項を情報セキュリティ教育プログラムとして取り纏め，情報セキュリティ教育を実施する

　事務所の環境とリモートワークを実施する自宅などの環境は大きく異なることが想定されることから，情報セキュリティ教育プログラムの内容の見直しを行う必要が生じることが想定される．前述した情報セキュリティリスクアセスメントやリスク対応のプロセスにおいて教育プログラムの内容を変更すべきインプット情報が明確になる場合もあるが，どのような内容を教育プログラムに反映すべきかどうか判断できないというように悩まれている組織も存在する．解決方法として，自宅などの環境や作業方法についてアンケート調査を行い，その調査結果から変更すべき内容を検討してみるのもよいかもしれない．

　アンケート調査を実施すると，管理責任者や推進事務局が想定していないようなリスクが明らかになる場合もある．アンケート回答者がどこまで正直に回答を行うかにもよるが，回答の内容によっては，速やかな対応が必要となる事例も確認されている．

　例えば，ある組織では，リモートワーク環境においては，プリンタの接続や出力をできないように設定して運用を行っているため，自宅では紙の情報を取り扱うことを想定していなかった．しかしながら，クラウドサービスを利用することでコンビニエンスストアでの出力が可能となっており，緊急の場合には止むを得ず実施していたということであった．特定のクラウドサービスへのアクセスを禁止した場合であっても別のクラウドサービスでは利用できてしまうため，技術的な対策だけでは限界がある．このような場合は，許可されているクラウドサービス以外の利用をルールで禁止し，インターネットの利用状況の監視が行われていることをパソコンの利用者に周知することが有効となる．

　他にも自宅の子供やペットが飲み物をパソコンにこぼしてしまうような事例や，長期間組織の事務所に来所しないことで従業者証を紛失した，あるいは，その可能性に気がつかなかったような事例も少なからず確認しており，従来の事務所環境では想定されないようなリスクに対する対策の周知がリモートワーク環境での運用においては重要となる．

4.8　情報セキュリティインシデント対応体制の見直しを行う

　リモートワーク環境においては，事務所の環境とは異なり，コミュニケーションの方法が大きく変化することが考えられることから，どのような方法が組織にとって最適かどうかを改めて検討する必要がある．組織においては，SNS のようなコミュニケーションツールの利用が広まっているが，不特定多数にその情報を共有しやすい，誤った操作によって異なる相手に情報が開示されてしまうなどのようなリスクも想定されることから，利便性のみならず情報セキュリティリスクの観点からも検討が必要である．一方で，複雑な仕組みになっていると，速やかな報告は期待できず，逆に報告が漏れてしまうことも懸念される．

　自宅などの環境においては，生活環境で発生する様々な事象が情報セキュリティインシデント（あるいは，事象，弱点）に含まれてくる可能性がある．例えば，WEB 会議中に停電が発生し，原因は自宅の掃除機と洗濯機と電子レンジを同時に使用したためにアンペアブレーカーが作動したとする．電力サービス提供会社に連絡を行うことでなんとか停電の原因を究明したものの，30 分間会議に参加できず顧客に多大な迷惑をかけるような事象が発生したのであれば，ISMS としても改善が必要な事案と成る可能性がある．

　事務所の環境において，停電が発生し，業務に影響が生じる，あるいは情報機器が故障するなどの事象が発生した場合には，一般的には情報セキュリティインシデント（あるいは，事象，弱点）としての報告対象となっているが，自宅環境においては判断に迷うケースも少なくはないであろう．

情報セキュリティインシデント（あるいは，事象，弱点）を報告し，必要な対応を行うことで同様の情報セキュリティインシデントの発生を防止することが期待される．そのような観点からすると上記の自宅などの環境で発生した事象についても報告対象とした方がよさそうである．担当者が自宅のアンペアブレーカーの仕組みを十分に理解していないことから対応が遅れ，また，担当者の家族が同時に使用できる電力の上限を十分に把握していないことから事象が発生しており，他の自宅などの環境でも十分に起こり得ることであるため，周知を行うことで同様の事案が発生することを防止することが期待できる．

自宅などの環境において，担当者がこのような情報セキュリティインシデント（あるいは，事象，弱点）に相当するような事象を確認した場合に容易に，かつ，速やかに報告を行うことができる仕組みを整備することが重要である．

4.9　供給者（委託先を含む）管理の状況をトップマネジメントが把握することを支援する

規格では，供給者（委託先を含む）管理の状況をトップマネジメントに報告することについて直接の要求事項は存在しない．しかしながら，委託先で情報セキュリティインシデントが発生した場合は，組織経営や事業の継続に大きな影響が想定される．経済産業省が公開しているサイバーセキュリティガイドラインにおいては，サイバーセキュリティ経営の重要 10 項目の一つして“ビジネスパートナーや委託先などを含めたサプライチェーン全体の対策及び状況把握”が掲げられていることを踏まえると実態としては，トップマネジメントがその状況を十分に把握し，具体的な指示などを行うべき事項であると考えられる．

供給者の管理には，ICT サプライチェーンも含まれていると解釈できるが，リモートワークの運用では，クラウドサービスなどによる運用基盤やアプリケーションやミドルウェアなどの利用やヘルプデスクの利用なども想定される．新たに契約を締結する委託先については，適切な委託先の選定や契約の締結が

欠かせない．加えて，委託先の情報セキュリティにかかわる運用が適切に行われていることについて定期的な確認を行う仕組みが必要である．

　クラウドサービスの中には，データセンターの所在地を公開していないなどの理由から監査などで直接現場を確認することが困難な場合があるが，約款や事業者が公開しているホワイトペーパーなどの技術資料からクラウドサービスのセキュリティ要件などを確認することが可能である．また，ISMS認証のような第三者認証の受入れを行っている事業者であれば，公開されている認証情報に基づいて評価を行うことも可能である．

　一方で，これまで委託していた業務が委託先の方針によりリモートワーク環境に移行になった場合には，取り扱う情報の管理方法や利用する情報システムの構成などがどのように変化するのか個別にリスクアセスメントを行うといった方法も効果的であると考えられる．

　管理責任者や推進事務局は，これらの供給者（委託先を含む）管理の状況をトップマネジメントが把握できる粒度で情報の連携を行うことが望まれる．

4.10　最新のセキュリティ脅威動向の把握を行う

　規格附属書A.5.7 "脅威インテリジェンス" では，"情報セキュリティの脅威に関連する情報を収集及び分析し，脅威インテリジェンスを構築すること" を求めており，また，実施の手引5.7 "脅威インテリジェンス" では，脅威インテリジェンスを表4.4（脅威インテリジェンスの分類）のとおり定義している．

表4.4　脅威インテリジェンスの分類

戦略的脅威インテリジェンス	変化する脅威の状況に関する高レベルの情報の交換（例えば，攻撃者の種類又は攻撃の種類）
戦術的脅威インテリジェンス	攻撃者の方法論，使われているツール及び技術に関する情報
運用上の脅威インテリジェンス	技術的特徴を含む特定の攻撃に関する詳細

　なお，上記の管理策は，規格附属書 A.5.5 "関係当局との連絡"，規格附属書 A.5.6 "専門組織との連絡"，規格附属書 A.8.8 "技術的ぜい弱性の管理"，規格附属書 A.5.24 "情報セキュリティインシデント管理の計画及び準備" などとも関連すると考えられる.

　脅威インテリジェンスの構築事例としては，シーサート（CSIRT: Computer Security Incident Response Team）があげられる. 日本シーサート協議会では，シーサートを以下のように定義している.

> シーサート（CSIRT: Computer Security Incident Response Team）とは，コンピュータセキュリティにかかるインシデントに対処するための組織の総称です. インシデント関連情報，脆弱性情報，攻撃予兆情報を常に収集，分析し，対応方針や手順の策定などの活動をします.
> 【出典】日本シーサート協議会（https://www.nca.gr.jp/outline/index.html）

　シーサートは，組織内で単独で機能する場合もあるが，複数のシーサート組織が連携し様々な情報セキュリティインシデントや脆弱性情報などについて共有することで，より高いレベルでの情報セキュリティが確保されることが期待される.

　リモートワーク環境においては，自宅などに設置されたクライアント端末に対して，事務所環境と同等の機能を提供するための基盤となるシステムに支えられて運用が行われている. 平時よりこれらの基盤となるシステムの脆弱性について日々の情報収集を行い，万が一の情報セキュリティインシデントが発生することを前提とした体制を整備し，維持しておくことが重要である.

　世の中の情報セキュリティインシデントや脆弱性情報については，情報セキュリティ専門組織によって提供されるサービスなどを利用することも可能である. 表 4.5（脆弱性情報のリソース例）に脆弱性情報などの情報収集に役に立つと思われる事例を整理したので参考にされたい.

表 4.5　脆弱性情報のリソース例

項番	サービス概要	提供主体
1	組織が利用している情報システムのベンダーのポータルサイトにより，利用者に対して脆弱性情報を提供	・情報システム（ソフトウェアを含む）ベンダー※原則有償
2	監視対象となる情報システムに関連する情報セキュリティインシデントや脆弱性情報を月次のレポートとして提供	・SOC（セキュリティオペレーションセンター）※有償
3	組織の情報システムに関連する情報セキュリティインシデントや脆弱性情報を定期的に提供	・情報セキュリティ専門業者※有償
4	世の中の情報システムに関連する情報セキュリティインシデントや脆弱性情報を広く一般に公表	・政府や自治体の関連組織 ・独立行政法人情報処理推進機構 ・JPCERT コーディネーションセンター　など

第5章 情報システム管理者が行うこと

　近年，情報の DX（デジタル・トランスフォーメーション）化が様々な業種・業態で加速しつつあり，情報システムへの依存度が高まっている．組織の情報システムが停止すると業務が一切できなくなることや，顧客などの利害関係者に対してサービスを提供できなくなるということから，組織の ISMS，ひいては組織経営全体にも大きな影響を及ぼすことになる．

　情報システム管理者* は，組織のトップマネジメント，あるいは経営陣により組織の情報システムを管理及び運用することについて責任及び権限が与えられた者のことを想定している．組織の情報システム部門全体を含めて情報システム管理者と呼ぶような事例や，ISMS 管理責任者や推進事務局が兼務しているような事例もある．本章では，リモートワークを導入し，運用する組織において，これらの情報システム管理者に想定される役割と実施すべき事項を述べる．

5.1　情報システムの開発の企画段階から情報セキュリティを実装する

　情報システムの開発工程において致命的なセキュリティ対策の欠陥が確認された場合には，上流工程への手戻りなどが発生し，大きなセキュリティコストの負担が想定される．規格附属書 A.8.25 "セキュリティに配慮した開発のライフサイクル"では，"ソフトウェア及びシステムのセキュリティに配慮した開発のための規則を確立し，適用すること"を求めており，特定の開発工程の

---

* 規格では，情報システム管理者，あるいはそれに相当する責任と権限を負う者の任命を必ずしも要求している訳ではない．

みではなくて情報システムの開発のライフサイクル全体で情報セキュリティ対策を実施する必要性があると解釈できる．セキュリティ・バイ・デザインや DevSecOps［開発（Development）と運用（Operations）を密に連携させることでセキュリティを確保すること］といった概念が世の中に広がってきており，規格も同様の考え方となっている．

　情報システムの開発のライフサイクルの考え方には様々なものがあるが，一つの典型的なモデルを以下に提示する［図 5.1（情報システムの開発のライフサイクル）］．

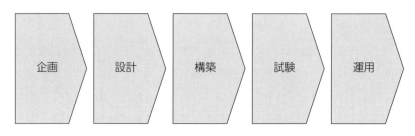

図 5.1　情報システムの開発のライフサイクル

　企画においては，情報システムの要件やそれにともなう予算や開発工程や開発体制などを明らかにするフェーズとなっており，"要件定義書" などのアウトプットが想定される．セキュリティの実装方法によっては，負担すべきコストが大きく異なることが考えられることから，企画段階において情報セキュリティの実装を十分に考慮することが重要である．

　設計においては，決定された情報システムの要件に基づいて，具体的に情報システムの設計を行うフェーズになっており，"基本設計書"，"詳細設計書"，"システム環境・パラメータ設定書"，"データベース移行計画書"，"試験計画書"，"本番移行計画書" などのような様々なアウトプットが想定される．

　構築においては，設計段階で定義された仕様を情報システム実装するフェーズとなっている．規格附属書 A.8.27 "セキュリティに配慮したシステムアーキテクチャ及びシステム構築の原則" では，"セキュリティに配慮したシステ

ムを構築するための原則を確立し，文書化し，維持し，全ての情報システムの開発活動に対して適用すること”及び規格附属書 A.8.31“開発環境，試験環境及び運用環境の分離”では，“開発環境，試験環境及び運用環境は，分離してセキュリティを保つこと”が求められている．

　本番環境との分離が不十分である場合には，開発中の暫定的なアクセス制御を悪用し，許可されていない悪意のあるリモートワーク端末が本番システムに意図せずアクセスを行うことや，予期しないデータ処理の不整合が生じるなどの様々な情報セキュリティリスクが想定されるので注意が必要である．

　試験においては，構築段階で並行して実施する試験と，本番環境に移行し，サービスインが可能かどうかを判定する試験に大きく分類される．前者は，情報システムを構成する比較的小さな単位で実施する単体試験や，複数の構成要素を組み合わせ，より本番環境に近い条件で実施する結合試験などが想定され，後者は，ネットワーク接続の観点，認証処理の観点，データ処理の観点などといったどちらかというと情報システムの利用者視点での試験の比率が多くなることが想定される．規格附属書 A.8.29“開発及び受入れにおけるセキュリティ試験”では，“セキュリティ試験のプロセスを開発のライフサイクルにおいて定義し実施すること”が求められており，組織が定めた試験プロセスに基づいてセキュリティ機能の検証を含む試験を計画し，実施する必要がある．

　なお，規格附属書 A.8.33“試験情報”では，“試験情報は，注意深く選定し，保護し，管理すること”が求められており，本番データを試験情報として利用する場合には，細心の注意が必要となることも留意されたい．

5.2　情報システムに関連する情報資産台帳の維持・更新，情報システムの構成管理を実施する

　情報資産台帳の更新の考え方については，4.2“情報資産台帳の更新を行う”にて触れているため，ここでは情報システム管理の観点にフォーカスして述べる．

　リモートワーク導入にあたり，情報システムの基盤としてクラウドサービスを利用するケースが考えられる．その場合は，新たにクラウドサービス，その構成要素，そのサービスを利用するためのネットワーク回線などについては，組織が保護すべき情報あるいは情報に関連する資産に成り得ることから情報資産台帳への反映が必要であると考えられる．情報資産台帳は，固定資産台帳のような概念とは異なり，組織が所有しているか否かではなく，情報セキュリティに関連するプロセスとして管理すべきかどうかというのが登録の判断基準となる．

　規格附属書A.8.9"構成管理"では，"ハードウェア，ソフトウェア，サービス及びネットワークのセキュリティ構成を含む構成を確立し，文書化し，実装し，監視及びレビューすること"が求められている．これらについても情報資産台帳に含めて管理することが考えられるが，台帳の利用目的や更新頻度などが異なることから，個別の台帳として管理を行う事例もある．具体的には，情報システム（ハードウェア，ソフトウェアなどを含む）の型番，シリアル番号，スペック，保守期間，ベンダ名などを含めて管理する個別の台帳やネットワーク構成図などが想定される．リモートワーク導入により，追加や変更などが発生した場合には，これらの台帳なども速やかに更新を行う必要がある．

　なお，ソフトウェアの運用にあたっては，バージョン管理が不十分であると，バージョンが大きく変わることで，情報システムが利用できなくなる場合や速やかにバージョンを上げないと脆弱性に対応できない場合などが考えられることから，実際のバージョンアップ作業は，情報システム管理者が主体的に実施するのか，あるいは，利用者が個別にアップデート作業が必要になるのか，あるいは，その組み合わせで実施するのかなどの手順やプロセスを整備しておくことが望まれる．

　リモートワークの運用においては，パソコンを利用者に貸し出し，自宅などで利用してもらうことも想定される．こちらも貸し出した日付や貸し出しの期間などを含む個別の台帳管理が必要となる．長期間の貸し出しが発生する場合には，一定間隔での棚卸しの仕組みが必要となることに留意されたい．

5.3 データ漏えい防止対策を実施する

　規格附属書 A.8.12 "データ漏えいの防止" では，"データ漏えい防止対策を，取扱いに慎重を要する情報を処理，保存又は送信するシステム，ネットワーク及びその他の装置に適用すること" が求められている．この管理策は，個人又はシステムによる情報の認可されていない開示及び抽出を検出し防止することを目的としており，対策としては，漏えいから保護する情報の特定や分類，取扱い状況の監視，データコピーやエクスポートを禁止する技術対策，バックアップデータの暗号化などの多岐にわたる対応が想定されている．

　また，実施の手引 8.12 "データ漏えいの防止" では，ハニーポットの使用が例示されている．ハニーポットについて，一般の読者には，あまりなじみのないセキュリティ手法であると思われるので簡単に解説を行いたい．ハニーポットは，特定の組織のサーバーなどを偽装することで，あたかも本番サーバーのように動作し，そのことで不正アクセスなどを行うハッカーをおびき寄せ，記録された操作ログなどから不正アクセスの手法について詳細に調査を行うといった考え方を採用している．このようなログには，マルウェアの活動記録も残る場合がある．また，本番サーバーを偽装することで，攻撃者の本番サーバーへの攻撃をそらしたり，攻撃の戦略を混乱させたりすることも期待できる．一般的に，ハニーポットは，本番サーバーよりも脆弱な状態で設定することが多いことから，攻撃の踏み台となる可能性があるため，自身は攻撃を受けても他のネットワークに対しては攻撃ができないような仕組みにしておくことも重要である．

　関連する管理策として，規格附属書 A.7.10 "記憶媒体" がある．近年，記憶媒体の性能は向上しており，大容量化が進んでいるが，その一方で，持ち運び可能な記憶媒体の紛失事故も多く発生しており，個人情報などのような機微な情報が大量に漏えいしたという報道をしばしば耳にすることがある．そのため，多くの組織では，持ち運び可能な記憶媒体の利用を極力控えるような運用が進められている．リモートワーク環境においては，多くの処理がネットワー

クを経由して実施されることから，USB メモリや CD-DVD メディアを利用する必要性は，少なくなる傾向がある．そのような組織では，パソコンに持ち運び可能な記憶媒体を接続しても使用できないようにする仕組みや，組織のルールで接続を禁止して接続状態を監視するような事例がある．

　上記の事例のように USB ポートや内部接続のドライブの利用を制限することで，多くの制御を行うことが可能となるが，SD メモリを読み書きできるパソコンや Bluetooth®機能をもつパソコンも存在するため，環境によっては，外部メモリに情報をコピーすることやプリンタを用いて紙出力を行うことが可能となる場合がある．パソコンの仕様やスペックに応じて対策に漏れがないように注意されたい．

5.4　特権管理を適切に実施する

　情報システムにおいて特権とは，情報システムのアカウントの分類の一つで，情報システムに対するあらゆる操作権限をもった管理者用のアカウントのことをいい，利用者アカウントとは大きく区別される．例えば，Linux 系の OS では，"root"ユーザーであり，Windows 系の OS では，"Administrator"が該当する．ネットワーク系のシステムやデータベース，個々のアプリケーションにおいても同様の概念が存在する．

　仮にリモートワークを実現するシステムの特権が悪用された場合には，リモートワークで取り扱うことのできるすべての情報資産が脅威にさらされることになる．このように何でも操作ができてしまう特権の管理に不備が生じると大きな情報セキュリティインシデントの発生となることから，高いレベルでの情報セキュリティ対策が必要となる．

　規格附属書 A.8.2 "特権的アクセス権"では，"特権的アクセス権の割当て及び利用は，制限し，管理すること"が求められている．特権管理の原則として，特権の割当てをその個人の職務上の役割に応じて必要最小限とすることが求められており，通常のアクセス権を付与する場合よりも特権的アクセス権を

付与する場合の方が認証方式やその複雑さの設定，個々の運用におけるセキュリティ要求事項は高くなる．例えば，特権的アクセス権を用いて作業を行う前に，再認証又は認証の格上げを必要とする仕組み，強固なパスワードを強制する仕組み，特権利用時のインターフェースを区別する仕組み，すべての特権的アクセスのログを記録する仕組み，日常的に行う一般的な職務については特権的アクセス権を利用せずに管理作業のみ限定して利用する仕組みなどといった様々な対策を組み合わせることでリスク低減を行う事例がある．アクセス権の棚卸しなどの対策についても，一般的な利用者アカウントよりもより高い頻度で，より厳密な仕組みで実施することが望まれる．

5.5 アクセス制御対策を実施する

規格附属書 A.8.3 "情報へのアクセス制限" では，"アクセス制御に関する確立されたトピック固有の個別方針に従って，制限すること" が求められており，また，管理目的には "情報及びその他の関連資産への認可されたアクセスだけを確実にし，認可されていないアクセスを防止するため." と記載されている．

ISMS 認証を取得している組織において，アクセス制御方針をトピック固有の個別方針として掲げ，その方針に準じて運用を行うような事例がある．そのような組織がリモートワークを新たに導入する場合は，確立されたアクセス制御方針を上位の考え方としてリモートワークにおけるアクセス制御対策を行っていく必要がある．

リモートワークを実現するシステムとしては様々な方式が想定され，VPNなどの複数の仕組みとも組み合わせることで高いセキュリティを実現できるが，ここでは説明をシンプルにするために，あえて簡易的なシステム構成を例として紹介したい［図 5.2（簡易的なリモート接続システムの構成図）］．

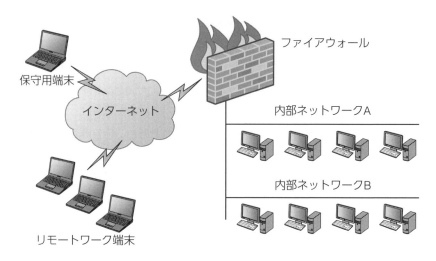

図 5.2　簡易的なリモート接続システムの構成図

　図 5.2（簡易的なリモート接続システムの構成図）は，組織内部ネットワークに接続された担当者のパソコンに，会社から貸与されたパソコンからWindows のリモートデスクトップの機能を用いて，自宅などの環境からアクセスを行うような仕組みを想定している．一方で，情報システム管理者は，保守用端末を用いて，SSH 接続によりファイアウォールの設定変更や内部のパソコンの保守作業を行うような仕組みの想定である．

　上記のようなシステムでアクセス制御を考える場合には，ファイアウォールに適用するポリシーが重要な要素となる．TCP/IP におけるトランスポート層では，TCP と UDP の二つのプロトコル（ポートは 0 から 65535 まで存在する）での制御が行われているが，この事例では，インターネット側からは，すべての TCP 及び UDP の接続を拒否したうえで，TCP のうち SSH で使用する 22番ポートとリモートデスクトップで使用する 3389 番ポートを例外的に解放する必要がある．またシステムの構成によっては，UDP の 3389 番ポートの開放も必要となる．

　しかしながら，このような構成のままでは，リモートデスクトップの認証情

報が第三者に知られてしまうことで世界中のネットワークから組織内部への
ネットワークにアクセスできてしまい，情報セキュリティの対策としては十分
でない．そのため，TCP/IP におけるインターネット層による IP アドレスで
の制御などの追加の対策を行うことが考えられる．その場合，リモート接続側
が固定の IP アドレスとなっている必要があるが，理論的には，特定の接続元
しかアクセスが許可されないため，IP アドレスを偽装しない限り，ハッカー
などの攻撃者は組織内部のネットワークにアクセスができなくなる．

　また，保守用のパソコンは，利用者のパソコンよりも多くのことができるこ
とから攻撃を受けるリスクが高くなる．そのため，IP アドレスの制御に加えて，
端末認証を実装することなどが追加の対策として考えられる．具体的には，
SSH でアクセスする際に証明書方式のみに制限することで SSH 秘密鍵をもっ
ている特定の端末のみにアクセスを制限することが可能となる．

　一方で，内部ネットワーク A と B といったように二つのネットワークに分
離されている場合には，利用者に対しても不要な方にはアクセスをさせないと
いった追加のアクセス制御を実装することも可能である．

　上記の事例のようにアクセス制御単独であっても複数の対策を組み合わせて
実施していくような考え方になるが，異なる管理策を組み合わせるような方法
でリスク低減を行うことが効果的である．例えば，5.10 "情報システムのログ
管理を実施する" などの対策と組み合わせることで，ハッカーなどの悪意のあ
る攻撃者が攻撃を行うための事前の情報収集が行われていることなどを速やか
に検知することが可能となり，攻撃を受ける前に必要な対処を実施することで，
情報セキュリティインシデントの発生を未然に防ぐことができる可能性が高く
なる．

5.6　アカウントの認証管理を実施する

　認証管理の考え方は，5.5 "アクセス制御対策を実施する" と密接に関係し
てくる．認証で一般的に利用されているものは，パスワードであるが，様々な

技術方式が存在する．大きく分類すると，①本人が知っているもの（What a User Knows），②本人が持っているもの（What a User Has），③本人の特徴（What a User Is）となる．

参考までに，上記の技術方式の事例を表5.1（認証技術方式）に整理した．

表 5.1　認証技術方式

項番	事例
①本人が知っているもの	・パスワード ・パスフレーズ ・PIN コード
②本人が持っているもの	・IC カード ・ワンタイムパスワード ・認証キー（USB など）
③本人の特徴	・生体認証（指紋，顔，静脈，網膜など）

パスワードには，様々な脅威が想定され，容易に推測可能なものを設定していると悪意がある者に不正に利用されるリスクが高くなる．一方で，複雑過ぎると本人が記憶できなくなるため，紙にメモを残すなどの弊害も発生する．間違ってもリモートワークで貸与されているパソコンのパスワードを自宅のモニターに貼るような運用がないようにしたい．また，辞書攻撃やブルートフォース攻撃といったように大量のパスワードを試みることでパスワードを破る攻撃手法や，ネットワークを盗聴することでパスワードを入手する方法や，ソーシャルエンジニアリングのように本人を騙してパスワードを聞き出すような手法でリスクが顕在化した事例も少なくない．一つの技術方式のみで対策することには限界があることから，複数の方式を組み合わせることでより強固なセキュリティ対策を実現することが可能となる．コストとのバランスを考慮することも必要であるが，リスクに応じた対策を検討することが望まれる．

ワンタイムパスワードの仕組みはスマートフォンの普及によりソフトウェアをダウンロードすることで気軽に利用できるようになったことから様々なシステムに応用されている．前述したパスワードのようにだれかにワンタイムパス

ワードを知られた場合であっても，一定の時間に限って有効なものとなっていることから悪用されるリスクを大きく低減することが可能である．しかしながら，装置を紛失してしまった場合やスマートフォンがマルウェアなどに感染して制御されてしまうような状況が発生した場合には，役に立たなくなってしまうので，速やかに対処する方法をあらかじめ確立しておく必要がある．

　指紋認証などの生体認証は，もっとも他人になりすますことが難しい技術方式であるといわれている．ただし，本人の身体的な特徴に依存するが故に運用上考慮すべき事項もいくつか考えられるので注意が必要である．例えば，乾燥しやすい体質の場合や本人の体調次第によっては，指として認識しない場合のあることが報告されており，感度の閾値の調整が必要である．一方で閾値を緩く設定すると指の型を入手できた場合に指を偽装することが可能となるリスクも想定されることから慎重に検討を行う必要がある．また，これらの生体情報は，個人情報としての管理も必要となることから，情報が漏えいした場合のリスクアセスメントを行うことも重要であると考えられる．パスワードは簡単に変更することができるが，生体認証情報は，基本的には本人が一生変更することができないものである．

　補足にはなるが読者にとっても身近だと思われる生体認証の事例を紹介する．筆者も自身の顔の特徴に関する情報が相手先のクラウド上に保管されていることを承知のうえ，スマートフォンを顔認証方式で利用する場合がある．パスワードなどのように入力する必要がないため重宝しているが，マスク着用時には外さないと認証がとおらないので不便であった．最近では，マスク対応の方式にアップデートされており，利便性がさらに向上して助かっているが，その一方で，他人になりすまされるリスクは高くなっているというトレードオフの関係が成立している．

5.7　マルウェアに対する保護対策を実施する

　独立行政法人情報処理推進機構が公開している "情報セキュリティ 10 大脅

威"（組織）では，"ランサムウェアによる被害"や"標的型攻撃による機密情報の窃取"がこの数年間上位に位置付けられている．これらの多くはマルウェアが介在しており，この傾向は今後も続くものと考えられる．

マルウェアとは，コンピュータウィルスやワーム，スパイウェア，トロイの木馬などを包含する情報システムを不正に動作させる意図で作成された悪意のあるソフトウェアやプログラムなどの総称となっている．

5.5 "アクセス制御対策を実施する"で紹介した図5.2（簡易的なリモート接続システムの構成図）のシステムでは，自宅などのリモート環境から直接インターネットのコンテンツを見に行くような運用を想定していない構成となっており，内部ネットワークはファイアウォールなどのセキュリティによって守られているが，仮に自宅などから直接インターネットのコンテンツにアクセスするような運用の場合は，端末が直接マルウェアに感染するリスクにさらされているため注意が必要である．

マルウェア対策についてもいくつかの仕組みを組み合わせることが望まれる．例えば，ファイアウォールのようなインターネットとの境界となる場所にマルウェアを検知するような仕組みを導入し，途中のネットワークにおいては侵入検知システムのように不正な通信があった場合は検知し，場合によっては通信を切断するような仕組みの導入が考えられる．エンドポイントであるそれぞれの端末にもマルウェア対策ソフトウェアを導入することで多段型のマルウェア対策が実現できる．

マルウェアは電子メールにより送信されてくることが多いことから，電子メールのメッセージや添付ファイルのチェックも欠かせない．上記の考え方と同様にメールサーバー側とエンドポイント側の対策の組み合わせによりセキュリティを高めることが考えられる．

このような事前にマルウェア感染を防ぐ対策に加えて，万が一感染した場合の対策や体制を整備しておくことも重要である．ワームのように自己増殖機能を備えたものは人が何もしなくても感染を広めることが可能であるため，システムやネットワーク内での不正な動きを検知する仕組みが対策としては有効で

ある.

　一方で,ランサムウェアのようにファイルを暗号化して使い物にならなくさせるようなものであれば,バックアップ対策が有効となる.このようにマルウェアの特徴や性質に応じて様々な対策が考えられるため,事前のリスクアセスメントや対応方針の検討が重要となってくることを改めて強調しておきたい.(4.3 "情報セキュリティリスクアセスメントを実施する",4.4 "トップマネジメントに情報セキュリティリスクアセスメントの結果をフィードバックし,リスク対応に関する方針を決定することの支援を行う" など参照).

　また,感染後にどのように対処するのかといった仕組みも整備しておく必要がある.(4.8 "情報セキュリティインシデント対応体制の見直しを行う" など参照).エンドポイントでの対策として,マルウェア感染が判明した場合には,速やかにネットワークケーブルを抜くような対策や無線 LAN 接続を解除するように周知を行っている事例も少なくはない.ただし,5.5 "アクセス制御対策を実施する" で紹介した図 5.2(簡易的なリモート接続システムの構成図)のシステムでは,自宅などで使用しているローカルのパソコンがマルウェアに感染した場合のみ有効となり,組織内部に設置されているパソコンには有効でないため,ルールが適切であるかどうかの検証は必要である.なお,マルウェアの感染時に慌ててしまい,パソコンのシャットダウンや再起動を行うことも考えられるが,このような操作を行うとハードディスク自体が初期化されることや暗号化される場合も考えられることから,原因の究明に支障をきたす可能性がある.直ちにネットワークを切断したうえで,そのままの状態で情報システム管理者に速やかに連絡するようなルールが適切であると考えられる.

5.8　セキュリティパッチ適用などの脆弱性管理を実施する

　世の中の情報システムの多くは,パッチを適用させることで継続的に機能向上や改善することが可能な仕組みとなっている.パッチの中でもセキュリティに関係するものをここではセキュリティパッチと呼ぶことにする.Windows

のような OS では，定期的なサイクルでセキュリティパッチが提供されており，概ね自動的に更新が行われるようになっている．一方で，ネットワーク機器やアプライアンス機器といったものについてはファームウェアを更新することでセキュリティ上の脆弱性が解消される場合もある．また，ミドルウェアやアプリケーションソフトについてもそれぞれ定期的にセキュリティパッチが提供されている．そもそもセキュリティパッチは，情報システムの脆弱性を解消させるためのプログラムであるが，攻撃者の視点からするとそのシステムに脆弱性があるということの確固たる証明であり，対策が施されていない情報システムが存在する場合は格好のターゲットに成り得る．そのため，組織としては脆弱性の情報を速やかに入手する仕組みが重要であり，セキュリティパッチが提供された場合には，同時に速やかにパッチを適用するという考え方が基本となる．

　しかしながら，パッチを適用することで，情報システムが正常に動作しなくなる場合もあることから，システムの構成に大きな影響が生じるような変更が含まれるものについては，パッチの適用を慎重に検証することが望まれる．

　リモートワークにおいて対策の盲点となるような事例を確認したのでここで紹介したい．5.5 “アクセス制御対策を実施する” で紹介した図 5.2（簡易的なリモート接続システムの構成図）のシステムでも想定される事例である．

　通常のパソコンの利用であれば，出社時に電源を入れることで OS を起動させて，退社時に OS をシャットダウンさせて電源を切るという運用となるが，自宅などの環境からリモートで接続するような仕組みであれば，常時起動させておくような運用となる．例えば，Windows のような OS の場合は，セキュリティパッチの適用を完了させるには，システムのシャットダウン，あるいは，再起動が必要になることがある．パッチの適用は自動化されていても再起動が自動化されていない場合には，パッチが適用されていない状態が長期間継続することになるため，リスクが存在することになる．すべてを自動化されたプログラムに頼らず，何かしらのシステムの不具合によりパッチが正常に適用されないことも想定した仕組みが必要である．情報システム管理者が端末のパッチ適用状況を一元化して管理するような仕組みや利用者に対して最新のパッチが

適用されているか定期的に確認するような方法が対策として考えられる.

5.9 データ及び通信の暗号化保護対策を実施する

　世界で最初に暗号文が使用されたのは,紀元前 1,900 年の古代エジプトの時代における象形文字だと言われている.時代が進むに連れて,アルファベットを単純に置換するような方式から,より高度な方式へと変遷してきた.コンピュータ技術が普及し,インターネットが一般的に利用されるようになると,より複雑な方式となっているが,基本的な考え方は変わっておらず,組織にとって何らかの有効な情報を元の状態(平文データ)から,そのままの状態では第三者に判読できない状態(暗号データ)に変換する仕組みとなっている.

　情報システムにおける暗号化の強度は,暗号化方式(アルゴリズム)と暗号鍵(キー)の組合せによって決定される.長い歴史の中で,暗号作成者が高度な暗号化方式を開発しても,暗号解読者がその脆弱性を発見し,暗号を破るといった攻防戦が繰り返されており,現代の情報システムにおいて利用されている暗号技術も同様である.暗号化方式において,簡単な解読方法がみつかるなどして十分な安全性を保てなくなった状態のことを危殆化と呼んでいるが,危殆化した暗号化方式を利用し続けることには大きなリスクが発生する.適切な暗号方式の選定などについては,CRYPTREC(https://www.cryptrec.go.jp/)の“CRYPTREC 暗号リスト”や各種ガイドラインを参照することが望まれる.例えば,リモートワークのシステムが TLS(SSL)通信を利用している場合は,独立行政法人情報処理推進機構が公開している“TLS 暗号設定ガイドライン”が参考になる.

　暗号鍵(キー)によって暗号化されている状態から元の状態に復号することになるが,暗号鍵の複雑さによって強度は変わってくる.単純な例で説明すると 0 から 9 までの 2 桁の数字は,100 とおりの組合せがあるが,4 桁の数字に増やすと 10 000 とおりの組合せとなり,解読する労力は,理論上は 100 倍大変になる.現代の情報システムでは,復号化処理を複数のシステムで分散して

行うことも可能である．ある暗号化方式で暗号化された情報を解読するのに
スーパーコンピュータを利用すれば 100 年はかかる場合があるとして，100
台のスーパーコンピュータで分散処理を行うことで，期間を 1 年に短縮する
ことが可能である．このような特性を踏まえ，通信回線などでは，一定数の復
号化の試みを検知すると処理を停止する，あるいは，アラートをあげるような
仕組みを実装することで暗号鍵（キー）が解読されるリスクを低減することが
できるものと考えられる．

　リモートワーク関連の情報システムにおいて利用が想定される代表的な暗号
化方式や仕組みなどについて，表 5.2（リモートワークにおいて利用が想定さ
れる暗号化方式など）に整理した．利用目的が異なるものを一つの表に集約し
ている関係で，それぞれの用途が異なると同じ基準では比較することができな
い場合があることについてはご了承いただきたい．

表 5.2　リモートワークにおいて利用が想定される暗号化方式など

用途	暗号化方式など	説明
ファイル暗号化（メール添付など）	パスワード付 ZIP による圧縮	非常に単純なアルゴリズムなので破られやすい
	Office ソフトに付随	ファイル名は暗号化できない
	AES-256	暗号化には専用ソフトが必要
ディスク暗号化	BitLocker	特定の OS エディションで利用可能
	eCryptfs	特定の Linux ディストリビューションで利用可能
IP-VPN/インターネット VPN	PPTP	セキュリティ性能が低い
	SSTP	高い安全性 互換性が低い
	L2TP（IPsec）	互換性が高い ファイアウォールでブロックされる可能性がある
	IKEv2	高い安全性 互換性が低い

表 5.2 （続き）

用途	暗号化方式など	説明
	Open VPN	高い安全性
SSL-VPN	リバースプロキシ型	Web ブラウザを利用して VPN 接続を行う方式であるため，Web ブラウザに対応していないアプリケーションは利用できない
	ポートフォワーディング型	Web ブラウザに対応していないアプリケーションでも利用可能であるが，動的にポート番号を変更しなければならないアプリケーションには利用できない
	L2 フォワーディング型	リバースプロキシ型やポートフォワーディング型の制約はないが，専用のソフトウェアが必要となる
メール	SSL/TSL 通信	通信の暗号化
	S/MIME	メールや添付ファイルを暗号化することが，送信者と受信者の双方が対応している必要がある
無線 LAN	WEP	非常に弱い暗号化方式
	WPA	弱い暗号化方式
	WPA2	WPA よりも強い暗号化方式
	WPA3	WPA2 よりも強い暗号化方式

　メールで添付ファイルを送信するときにパスワードを設定した暗号化ファイルを作成し，そのファイルを相手先に送付した後，パスワードもメールで送付するといった日本固有の方式（PPAP 方式と言われている）があったが，最近はこの方式を見直す組織が増えてきている．改善策としては，多少手間はかかるがパスワードは，同一のメールという手段では送付せずに，別の方式（例：対面，電話，WEB 会議など）で交換を行う方法やクラウドストレージなどのようなファイル共有サービスを活用するという方法が考えられる．後者の仕組みは，受信者がいつファイルにアクセスを行ったのか，正常にファイルをダウ

ンロードできたのかを送信者が把握できること，自動的に暗号化する仕組みにより，設定漏れもなく，また，管理者がファイルの内容を確認できること，管理者がログなどから利用状況について比較的容易に把握しやすいことなどからメールと比較してセキュリティ対策上のメリットが多くなる．

その他にも利用にあたって暗号化を検討すべき場面としては，WEB 会議の際に機密性の高い情報をやり取りする場合が考えられる．https（TLS）で暗号化した通信が実現されるように見えるアプリケーションであっても実際には，自身の端末からアプリケーションサービス提供事業者までの間に限られ，アプリケーションサービス提供事業者のシステム上では暗号が解除されている状態となっている場合がある．そのような場合では，一時的に保管されている情報の管理が適切でないと第三者に漏えいしてしまうリスクがある．アプリケーションの仕組みとしてエンドツーエンドの暗号化（自身の端末から相手先の端末まで一貫した暗号化を担保している仕組み）が採用されているかどうか確認することも重要である．

5.10　情報システムのログ管理を実施する

規格附属書 A.8.15 "ログ取得" の管理目的には，"情報セキュリティインシデントにつながる可能性のある情報セキュリティ事象を特定し，調査を支援するため．" また，規格附属書 A.8.16 "監視活動" の管理目的には，"異常な行動・動作及び潜在する情報セキュリティインシデントを検出するため．" と記載されている．どちらの管理策についてもログ管理を適切に行うことで，情報セキュリティインシデントを未然に防止することが可能というような趣旨になっている．実際に大きな障害や事故などが発生した場合の調査を行うための情報という観点では，情報システムのログが重要なことは言うまでもないが，平時の運用においてもログを取得し，適切な期間保存し，定期的に分析を行う仕組みを構築することが望まれる．このような仕組みを維持するためには，専門的な知識や力量なども必要となり，結果としてコストも必要となることから，ロ

グを取得する目的などの方針について明確にしておくことが重要である.

　ログの分析を行う際には，通常は複数のログを組み合わせて総合的に判断することが多いため，それぞれのログの時刻が同一となっていないと正確に分析が行われない可能性がある．規格附属書 A.8.17 "クロックの同期" では，"組織が使用する情報処理システムのクロックは，広く認められた時刻源と同期させること" を求めている．

　規格では，どのようなログを取得しなければならないのかということは定められていないが，実施の手引 8.15 "ログ取得" には，取得することが望ましいログに関する情報が記載されている．これらを参考にリモートワーク関連の情報システムにおいて取得が望まれるログについて，表 5.3（リモートワーク関連の情報システムにおいて取得が望まれるログ）に整理した．組織の運用方法によっては不要となるものが含まれていることや逆に追加で必要となるものも存在する可能性があるので，想定されるリスクなどに応じて判断してほしい.

表 5.3　リモートワーク関連の情報システムにおいて取得が望まれるログ

対象システム	ログの種類の例示	説明
ネットワーク機器（VPN ルータ）	認証ログ	利用者のアクセス履歴（接続開始及び切断時間）
	管理者のアクセスログ	管理者のアクセス履歴（接続開始及び切断時間） 実行した管理者コマンド
ネットワーク機器（ファイアウォール）	アクセスログ	利用者及び管理者のアクセス履歴（許可された／許可されていないポートへのアクセス）
	管理者のアクセスログ	管理者のアクセス履歴（接続開始及び切断時間） 実行した管理者コマンド
ネットワーク機器（モバイルルータ）	通信ログ	利用者のモバイルルータの通信履歴（利用開始及び切断時間，通信先）
リモートネットワーク機能を提供するサーバー	認証ログ	利用者のアクセス履歴（接続開始及び切断時間）

表 5.3 （続き）

対象システム	ログの種類の例示	説明
WEB プロキシーサーバー	WEB アクセスログ	利用者の WEB アクセス履歴（閲覧したホームページの URL など）
メールサーバー	送受信ログ	利用者のメール送受信履歴（宛先，添付ファイルなど）
IDS（不正侵入検知システム）	不正アクセスログ	インターネット側からの攻撃の試み
自宅などに設置するリモートワーク端末	端末ログ	利用者の端末利用開始／終了時間
	デバイスログ	USB ポートなどに接続されたデバイスの種類
	出力ログ	接続されているプリンタ情報／出力結果

5.11　クラウドサービスの利用を管理する

　ISO/IEC 27002 の改訂に伴いクラウドサービスの利用という観点が新たに管理策として追加された．また，JIS Q 27017（JIS Q 27002 に基づくクラウドサービスのための情報セキュリティ管理策の実践の規範）においては，クラウドサービスプロバイダ及びクラウドサービスカスタマの立場でそれぞれの管理策が詳細に定められている．

　本項では，上記の管理策のうちリモートワークでの運用を前提として特に検討が必要となる管理策を中心に説明を行っていきたい．

　第一に，情報システム管理者がリモートワークを行う情報システムとしてクラウドサービスの利用を行うという想定が考えられる．クラウドサービスの利用にあたっては，適切なクラウドサービス事業者の選定や契約の締結が欠かせない．多くのクラウドサービスは，個別の契約をサービスの利用者と締結する代わりに約款をホームページなどで公表しおり，同時にホワイトペーパーなどの技術仕様書が提供されている場合もある．これらの情報からクラウドサービスが組織の情報セキュリティ要求を満たしているかどうかを確認する必要があ

る．また，情報は定期的に更新されることがあるため，組織側でも契約や仕様
について変更がないか，定期的に確認する仕組みも必要となる．

　契約段階では，クラウドサービスを利用する範囲やクラウドサービス事業者
側と組織側の役割と責任を明確にしておくことも重要である．

　図5.3（SaaSにおける責任分界点）は，組織がSaaS型のクラウドサービ
スを利用する場合に想定される責任分界点を示している．SaaS型のクラウド
サービスには様々なものが存在するが，例えば，5.9"データ及び通信の暗号
化保護対策を実施する"で取り上げたクラウドストレージなどのようなファイ
ル共有サービスを利用するような場合には，アプリケーションのセットアップ
や初期設定までをクラウドサービス事業者が実施し，それぞれのユーザーの追
加や削除，アクセス権限の設定は組織側が行うといった責任分界点が考えられ
る．その場合は，アクセス権の定期的な棚卸し作業などは，クラウドサービス
事業者の責任範囲外となるため，組織が主体的に運用を行っていかなければな
らない．

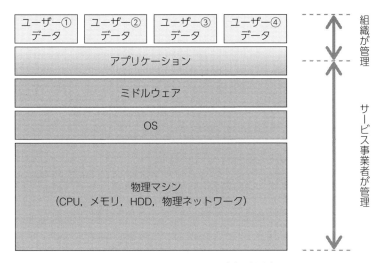

図5.3　SaaSにおける責任分界点

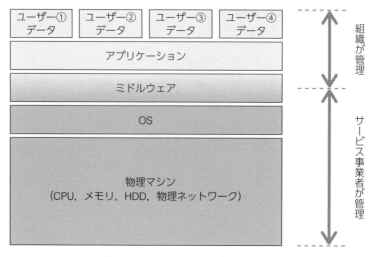

図 5.4　PaaS における責任分界点

　図 5.4（PaaS における責任分界点）は，組織が PaaS 型のクラウドサービスを利用する場合に想定される責任分界点を示している．PaaS 型のクラウドサービスは，アプリケーションを支援するミドルウェアとしての機能を提供するサービスが想定されるが，例えば，リモートワークにおける勤怠状況を管理するためのシステムを組織が構築し，それをクラウドサービス上で運用するような場合には，クラウドサービス事業者が提供している特定のデータベースを利用することが想定される．その場合は，ミドルウェアとして動作するデータベースの基本設定までがクラウドサービス事業者の責任範囲となり，データベースに必要な追加の設定などを組織側が実施することになる．運用においても，ミドルウェアに脆弱性が発見された場合には，クラウドサービス事業者がセキュリティパッチの適用などの対策を行い，アプリケーションに脆弱性が発見された場合には，組織が必要な修正を行うといった責任の分担となる．

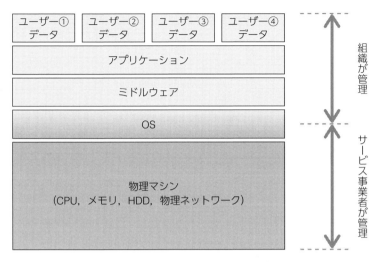

図 5.5　IaaS における責任分界点

　図 5.5（IaaS における責任分界点）は，組織が IaaS 型のクラウドサービスを利用する場合に想定される責任分界点を示している．これまで紹介したタイプと比較すると最も自由に使えるリソースが多くなると同時に組織側が管理すべき対象も拡大する．

　OS の初期設定までをクラウドサービス事業者が行い，その後は組織側が自由に OS を利用することができるようなサービスであれば，OS レベルでの脆弱性が発見された場合には，組織が主体的にセキュリティパッチの適用などの対策を行う必要性が生じる．一方で，クラウドサービス事業者は，物理マシンの運用が継続的に行われるようにハードウェアの交換や保守などを行うことが責任の分担となる．

　クラウドサービス利用の固有のリスクとして設置されているデータセンターの所在地が海外となる場合は，ログなどの一部の関連する情報が海外のクラウドサービスと連携していることなどが想定される．そのような場合は，組織がクラウド上に保管した情報が国内とは異なる法規制が適用される可能性があるため，対象となるクラウドサービスが国内の法令，及び契約上の要求を満たし

ているかどうかの検証も必要となる.

　上記で述べた一連の想定とは逆に, リモートワークを行う情報システムとしてクラウドサービスの利用を行わない場合であっても, システムの利用者が意図しないで外部のクラウドサービスを利用する可能性があるといったリスクを想定した対策が必要となる.

　利用者にインターネット接続を許可するような運用であれば, すべてのクラウドサービスに対して利用を禁止するような技術的なポリシーを適用させることは困難である. ファイル共有サービスを例にとっても世の中には様々なサービスが存在し, すべてのサービスをブラックリストに登録するようなことは難しい. そのため, 利用者に対しては, クラウドサービスとはどのようなものかを認識させたうえで, 許可されていないクラウドサービスの利用を禁止するといった運用で対策せざるを得ない. 利用者に対しては, 5.10 "情報システムのログ管理を実施する" で紹介したようなログが取得され定期的に分析が行われていることを周知することも抑止対策としては有効であると考えられる.

第6章　推進担当者が行うこと

　組織の各部門において各部門が保護すべき情報あるいは情報に関連する資産を適切に取り扱うことは，情報セキュリティ上の要求であると同時に職務上の要求事項であると考えられる．その責任と権限は，部門長に有するが組織の規模や運用形態に応じて，部門の情報セキュリティに関する運用の取纏めを行い，部門全体の中心になって推進する担当者を任命する事例が多くある．

　本章では，このような担当者を推進担当者*と位置付け，リモートワークを導入し，運用する組織において，推進担当者に想定される役割と実施すべき事項を述べる．

　推進担当者の役割には，様々なものがあるが，部門という範囲においては管理責任者や推進事務局に相当する役割を負うことが期待される場合がある．その場合は，4章"管理責任者及び推進事務局が行うこと"で記述されている"トップマネジメント"を"部門長"に読み替えると理解しやすくなると考えられる．一方で，部員から情報セキュリティの運用について技術的な問合せに対応する必要性が生じる場面も想定される．その場合は，部門内での情報システム管理者という立場になるため，5章"情報システム管理者が行うこと"で述べられている内容も参考にすることができる．

6.1　変化する部門が取り扱う情報あるいは情報に関連する資産を把握し，変更が生じた場合には速やかに情報資産台帳に反映する

　組織が新たにリモートワークを開始する場合には，各部門における業務プロセスに大きな変更が生じる場合がある．例えば，ある部門では，大容量のファ

---

* 規格では，推進担当者の任命を必ずしも要求している訳ではない．

イルを取引先と交換する必要があり，可用性維持の観点から新たにクラウド
サービスの利用を決定したと想定すると，これまでその情報は，社内共通のシ
ステムに一時保管されている状態であったが，クラウド領域に一時保管場所が
変更となる．そのため，情報資産台帳において保管場所を特定している場合は，
変更を反映する必要性が生じる．

　また，新たなクラウドサービスについて複数部門が関与しているのであれば，
どの部門が主管となり運用を行っていくのか及びどの部門が利用することがで
きるのかを決定し，情報資産台帳に反映するといった作業が必要になるであろ
う．

　管理責任者及び推進事務局が組織全体の情報資産の取纏めを行うような運用
の場合，上記のような部門固有の状況によって生じた変更を把握することは困
難であることが多い．情報資産については，それを扱う現場が最もよく把握し
ており，変更が生じた場合には，現場主導で更新を行っていくような運用が合
理的であると考えられる．なお，変更が生じた場合には速やかに情報資産台帳
に反映することが望まれる．

　情報資産台帳に反映するプロセスにおいては，取り扱う情報あるいは情報に
関連する資産が見える化されることで，関係者間で，情報の整理が行われると
いった副次的な効果も期待できる．例えば，他部門でも上記の事例のようなク
ラウドサービスと同様のものを利用しているのであれば，サービスを統合して
管理を一本化すること，複数部門にわたって二重の管理が発生しているものに
ついて一つの部門に集約すること，そもそももっている必要がないものや想定
される情報セキュリティに関するリスクに対して保持していることのリスクが
高くなるものについては廃棄するといったような最適化の事例を確認している．

6.2　想定される情報セキュリティリスクに対して現場目線での対策を推進する

　組織が取り扱う情報あるいは情報に関連する資産には，様々なものが想定さ

れるが，リモートワークにおいては，自宅などの環境に保管するものが増える
ことやその取扱い方法が変更となることでこれまで想定されていた情報セキュ
リティリスクに変化が生じることが考えられる．

　例えば，営業担当が訪問先から自宅に直帰し，顧客より受領した名刺を自宅
で一時的に保管を行うような運用を行っていたのであれば，自宅から直接訪問
を行う機会が増えることも想定され，一時的に保管されている顧客の名刺を紛
失するといったようなリスクは増加することになる．名刺以外にも顧客との契
約などの重要な書類について，緊急事態宣言の発令などの特殊な事情によって
例外的に自宅などの環境への一時的な保管が認められるというケースも想定さ
れる．このような場合も自宅などの環境における情報セキュリティリスクが変
化する要因となることから，必要となる対策を検討する余地が生じるであろう．

　取扱い方法の変更についても次のような事例がある．組織の要員が利用する
職員証にICチップを組み込んで建物や執務室の入退室管理を行うといった事
例を多く確認しているが，リモートワークに移行すると職員証を毎日利用する
ことがなくなることから，紛失した場合にすぐに発見できなくなるといったリ
スクが考えられる．さらに，職員証に組織の名称や住所などが記載されている
場合には，万が一紛失した場合に，悪用されるというリスクが高くなる．

　情報資産台帳と同様に普段現場で業務を行う担当者が情報セキュリティリス
クについて最もよく把握することができることから，日々の運用において必要
なタイミングで情報セキュリティリスクアセスメントを行う仕組みをどのよう
に構築するのかが重要なポイントとなってくる．管理責任者や推進事務局がリ
スクアセスメントの結果の取纏めを行っているような組織は，現場の運用状況
を十分に把握できないケースも想定される．特に自宅などの環境においては，
細かな運用を把握することは非常に困難であり，現場に最も近い立場である推
進担当者からの適切なフィードバックが期待される．このようなプロセスにお
いて，部門固有で想定される情報セキュリティリスクが明らかになった場合に
は，現場目線でどのような対策が効果的であるかということを検討し，必要な
対策については部門レベルで率先して対策を進めていくという活動を推進して

いくことが推進担当者の重要な役割になるであろう.

6.3　部門レベルの情報セキュリティ目標*を策定し，定期的に監視，測定と分析及び評価を行う

　規格6.2 "情報セキュリティ目的及びそれを達成するための計画策定" では，"関連する部門及び階層において，情報セキュリティ目的を確立しなければならない." ことを求めている. 組織においては，部門や職務階層では，情報セキュリティに関連する業務や役割が異なることから，情報セキュリティ目標も同様に異なるという考え方が反映されている. 部門や職務階層において，情報セキュリティ目標が異なるのであれば，少なくとも部門や職務階層単位で目標を策定する必要がある.

　情報セキュリティ目標を設定する際に，結果を測定するための達成目標（KGI：Key Goal Indicator）と過程を測定するための評価指標（KPI：Key Performance Indicators）を組み合わせて設定するという考え方がある. 達成目標は，最終的なゴールとなるが，それを達成するための過程として評価指標を設定することでより精度の高い達成目標を設定することが可能となる.

　部門ごとに達成目標が異なる場合や共通となる場合が考えられるが，後者であれば，複数の部門で共通となる目標を定めることも可能である. その一方で，達成目標が同一であっても評価指標がそれぞれ異なる場合も考えられるため，共通の目標で運用を行う場合であっても異なる指標ごとに適切に監視，測定ができるような仕組みが必要となる.

　リモートワーク導入に伴い，部門の業務プロセスに変更が生じると，これまで運用を行ってきた情報セキュリティ目標の管理方法についても見直しが必要となる場合が想定される.

---

* 本書では，"情報セキュリティ目的" を "情報セキュリティ目標" と表記している. JIS Q 27001:2014 では，情報セキュリティ目的（Information Security Objective）と表記されているが，JIS Q 9001:2015 では，品質目標（Quality Objective）と表記されている.

　日々の業務において，関係者は常に情報セキュリティ目標を認識し，その達成に向けた活動を推進していくというのが望ましい運用である．多くの業務をWEB 会議システムで行う部門と WEB 会議システムはほとんど利用せずにパソコン上での作業が中心となる部門では，情報セキュリティ目標は異なる可能性が高い．また，同じ部門であっても管理職員と現場の担当者についても同様のケースが想定される．

　規格で求められている情報セキュリティ目標が満たすべき要件を以下のとおり抜粋したので目標の策定や見直しの際には確認されたい．

①　情報セキュリティ方針と整合している．

②　数値目標として測定可能であることが望ましい．

③　適用される情報セキュリティ要求事項，並びにリスクアセスメント及びリスク対応の結果が考慮されている．

④　監視する．

⑤　関係者に周知され，常に意識して運用が行われている．

⑥　必要に応じて見直しを行う（例：情報セキュリティ目標の分析評価を行った場合，情報セキュリティ方針の変更が生じた場合，業務プロセスの変更が生じた場合）．

⑦　文書化した情報として利用可能な状態にする．

　また，部門の情報セキュリティ目標の事例を機密性，完全性，可用性の観点でそれぞれ表 6.1［情報セキュリティ目標の例（機密性の観点）］，表 6.2［情報セキュリティ目標の例（完全性の観点）］，表 6.3［情報セキュリティ目標の例（可用性の観点）］として整理したので以下を参照されたい．

表 6.1　情報セキュリティ目標の例（機密性の観点）

達成目標（KGI）	・メールの誤送信を 0 件とする
評価指標（KPI）	・パソコンの画面共有機能により，リモートで作業する複数の担当者によって宛先に間違いがないか確認を行ってからメールを送信する ・メール送信ルールを，すべての関係者に WEB 会議方式での教育を行い周知する（アルバイト社員，協力会社要員を含む）

表 6.2　情報セキュリティ目標の例（完全性の観点）

達成目標（KGI）	・会員情報誌発送の戻りを 0 件以内にする
評価指標（KPI）	・郵送で送付されてくる申込用紙や住所変更届について，入力ミスが発生しないように複数担当者でクロスチェックを行う ・郵便番号の誤りの有無については，システムを利用して自動チェックを行う

表 6.3　情報セキュリティ目標の例（可用性の観点）

達成目標（KGI）	・部門が利用するクラウド領域上に設置されたファイル共有サービスの空き領域を 20％以上確保する
評価指標（KPI）	・月に 1 回推進担当者が中心となってクリーンデイのアナウンスを行い，不要なファイルを削除するように関係者に働きかける ・クリーンデイ実施後でも，ファイルサーバーの使用容量が極端に増加している担当者や削減が進んでいない担当者に対して推進担当者がヒアリングを行う ・5 年を超えて保管されている情報については，本当に保管する必要があるか精査するために一時削除フォルダに移動し，関係者で必要性の有無を検討する

6.4　情報セキュリティに関する定期的な点検を実施する

　情報セキュリティに関する点検としてクリアデスク・クリアスクリーンに関する内容を設定している組織は少なくない．規格附属書 A.7.7 "クリアデスク・

クリアスクリーン"としても採用されている管理策であり，机上の整理整頓やスクリーンロックといった基本的な対策であると同時に，情報セキュリティの機密性・完全性・可用性の三要素を維持するためには欠かせない対策となっている．クリアデスク・クリアスクリーンのような対策は，ルールを周知するだけでは十分に実施されないケースもあり，推進担当者が中心となって自部門の状況を定期的に点検するような方法が考えられる．しかしながら，リモートワークの運用が開始されると事務所内にはほとんど人がいなくなり，結果としてクリアデスク・クリアスクリーンができているということになるが，そのような状況であれば点検の意味がなくなってくる．多くの業務は，自宅などの環境で実施されており，点検すべき対象に変化が生じていると考えた方が自然である．

　6.2 "想定される情報セキュリティリスクに対して現場目線での対策を推進する"及び6.3 "部門レベルの情報セキュリティ目標を策定し，定期的に監視,測定と分析及び評価を行う"に記述されている考え方にも通じることになるが，自宅などの環境で，どのような脅威が想定され，それを未然に防ぐためには，どのような対応が必要かという観点で点検すべき項目を検討していくのがよいと考えられる．

　例えば，顧客より受領した名刺を自宅で一時的に保管するのであれば，名刺を入れたカバンが安全な場所に置かれているか，あるいは，施錠を義務付けているのであれば施錠されているかといったことが点検項目となる．また，職員証の紛失に気がつきにくいということであれば，定期的に存在を確認して報告を行うような仕組みも考えられる．パソコンの再起動を行わないとセキュリティパッチが適用されない場合があるという事例を5.8 "セキュリティパッチ適用などの脆弱性管理を実施する"で紹介しているが，利用者側で適用状況を確認するといったような点検項目も有効である．

　点検結果について，定期的に開催される部会などのタイミングで推進担当者が確認を行うような運用も考えられるが，組織の規模によっては，点検シートを配付，あるいは，情報システム上に登録してそこから回答を収集するような

運用も効率的である．どのような方法であっても，点検結果については，推進
担当者が適宜必要なフォローアップを行っていくことが大切である．

▎6.5　部門関係者の情報セキュリティ意識を高めるための取組みを行う

　情報セキュリティ意識を高めるための方策として，情報セキュリティ教育の
実施が考えられる．情報セキュリティ教育の実施にあたって，トップマネジメ
ントとしての観点を 3.7 "情報セキュリティ教育の実施を支援する" に，リモー
トワーク環境をどのように教育プログラムに反映するかについて 4.7 "リモー
トワーク実施者が日々の業務で留意すべき事項を情報セキュリティ教育プログ
ラムとして取り纏め，情報セキュリティ教育を実施する" にそれぞれ記述して
いるので，参考にされたい．

　管理責任者や推進事務局が策定する情報セキュリティ教育プログラムは，一
般的に組織全体を対象として構成されることが多いため，部門固有の事情が反
映されていないことがある．そのような場合は，全体の教育プログラムを補完
するような方法で差分の個別教育プログラムを策定することが考えられる．個
別教育プログラムに反映すべき内容は，部門であればアンケートによる調査だ
けでなく，個別に担当者にヒアリングを行うような方法でも得られるであろう．
現場に最も近い推進担当者であれば，リモートワーク環境における具体的な事
案についていろいろと情報を収集できるかもしれない．

　ある組織では，定期的に開催される部会で，他の組織で発生した情報セキュ
リティインシデントの事例を紹介し，関係者間で意見交換を行っているとのこ
とであった．これは，推進担当者として評価すべき取組みの事例の一例である．
また，ある組織では，部門で発生したセキュリティインシデントを契機に担当
者レベルで自宅環境のリスクアセスメントの実施を指示し，結果として，現状
のリスクを把握できると同時に担当者の情報セキュリティに関するリスクの認
識が高まったという．

　上記はほんの一例に過ぎないが，現場レベルで情報セキュリティの意識が向

上することで組織全体のセキュリティレベルの底上げに繋がる．推進担当者の役割の中でもその力量が大きく試される分野である．

6.6　情報セキュリティインシデント発生を未然に防止し，万が一発生した場合には迅速な対応と処置を行う

　規格（用語定義）によると，"情報セキュリティ事象（information security event）：情報セキュリティ方針への違反若しくは管理策の不具合の可能性，又はセキュリティに関係し得る未知の状況を示す，システム，サービス若しくはネットワークの状態に関連する事象"，"情報セキュリティインシデント（information security incident）：望まない単独若しくは一連の情報セキュリティ事象，又は予期しない単独若しくは一連の情報セキュリティ事象であって，事業運営を危うくする確率及び情報セキュリティを脅かす確率が高いもの．"と定義されている．これらを簡潔に表現すると，事業運営や情報セキュリティを脅かす可能性が高い情報セキュリティ事象が情報セキュリティインシデントに該当することになる．労働災害の分野では，ハインリッヒの法則という事故の発生の経験則が用いられているが，これは1件の重大なインシデントの背景には重大なインシデントに至らなかった29件の軽微な事故が隠れており，その背景には，事故に至らなかったいわゆるヒヤリハットが300件隠れているといった考え方であり，情報セキュリティインシデントについても同様の考え方を適用することができる．つまり，情報セキュリティ事象を積極的に検知して，未然の対策を行うことで将来発生し得る情報セキュリティインシデントを未然に防ぐということを規格は意図している．

　ヒヤリハットのような情報セキュリティ事象は，どこまでを報告すべきかどうか現場が判断に迷う場合が少なくはない．些細なことであっても，組織全体の情報セキュリティ対策の気づきとなったという事例もあることから，判断できない場合であっても気軽に報告をできるような仕組みを備えておいた方がよいと考えられる．

　推進担当者は，普段から部門の関係者と良好なコミュニケーションを維持しておくことも重要である．相談することでいろいろと有効なアドバイスも得られて問題が解決することが想定されるのであれば，判断に迷うようなことがあってもすぐに連絡が来るであろう．一方で，相談することでいろいろと面倒なことになり事態が悪化することが想定されるのであれば，連絡するのを躊躇することが多くなるであろう．

　不幸にも部門内で情報セキュリティインシデントが発生してしまった場合には，どれだけ迅速に対応できるかによってその後に発生する 2 次被害の影響を大きく左右する場合がある．例えば，6.2 "想定される情報セキュリティリスクに対して現場目線での対策を推進する" で取り上げたような IC チップが導入された職員証が紛失していることに深夜に気がついたとする．その日は事務所で勤務しており，帰るときにはカバンに入れたことを確認したが，帰宅途中に何らかの理由でカバンから抜け落ちてしまったことが考えられるが，気がついたのが寝る前だったという状況では，どのタイミングで連絡を行うのが適切であろうか．

　職員証が悪意のある者に拾われた場合には，組織の事務所に不正に侵入されるリスクが考えられることから速やかに権限を停止するなどの処置が必要となるため，深夜であっても朝になるのを待つのではなく直ちに連絡を入れることが正解である．実際にセキュリティインシデントが発生すると，状況によっては混乱してしまい正常に判断できない場合や適切な対応ができない場合も考えられる．平時から有事を想定したシミュレーションや訓練を行い，関係者間で対応方法についてあらかじめ共有しておくことが重要である．

第7章　内部監査員が行うこと

　内部監査員は，原則として組織に所属している者の中から選定される．規格9.2 "内部監査" では，"監査プロセスの客観性及び公平性を確保する監査員を選定し，監査を実施する．" ことが求められており，監査プロセスの客観性及び公平性を確保するという観点から自らの仕事は監査することができないため，被監査部門とは異なる部署に所属している担当者がそれぞれの部門の監査を担当するような方法が一般的である．内部監査員が複数任命されている場合，組織の内部監査プログラム全体の責任と権限を有する者として内部監査責任者が任命される．また，内部監査プロセスの一部を外部の専門家などに委任するような事例もあるが，その場合であっても内部監査責任者は，組織に所属している者から選定されている必要がある．本章では，リモートワークを導入し，運用する組織において，これらの内部監査員に想定される役割と実施すべき事項を述べる．

7.1　リモートワークを監査テーマとした内部監査の計画を作成する

　内部監査プログラムには，単独の ISMS 組織の枠組みで実施するもの，グループ組織全体の枠組みで実施するもの，複数のマネジメントシステムと統合されているもの，組織の内部統制の枠組みで実施するもの，情報セキュリティ監査制度の枠組みで実施するものなどのような様々な事例が存在する．このような事例からも ISMS の規格においては，組織の業種業態に合わせて最適な内部プログラムを構築することが可能となっていると解釈できる．

　規格9.2 "内部監査" では，"あらかじめ定めた間隔で内部監査を実施しなければならない．" ことが求められており，これを受けて少なくとも1年に1

回は ISMS 適用範囲に所属する組織に対して内部監査を実施するということが運用として定着している．多くの組織では，1年間を対象として内部監査の計画を作成しているが，リモートワークの導入を短期間で行っているような場合は，計画の見直しが必要となる場合がある．リモートワークの導入によって，組織のマネジメントシステムに大きな変更が生じるのであれば，定時に計画した内部監査を待たずに臨時での内部監査を実施するなどの組織の内部監査プログラムに準じた柔軟な対応が必要となる．

　組織にとって新たな取組みとなるリモートワークを監査テーマとして取り上げ，内部監査の計画に反映することが望まれる．

7.2　重点的に内部監査で確認すべきチェック項目を検討する

　本項では，7.1 "リモートワークを監査テーマとした内部監査の計画を作成する" を監査テーマとした内部監査の計画に基づいて実際に監査を行う際の，重点的に確認すべきチェック項目について述べる．内部監査において主に対応が想定される被監査部門組織は，①管理責任者及び推進事務局，②情報システム管理者，③部門責任者（推進担当者を含む），④リモートワーク実施者のように分類することができる．

　上記の役割①から③については，それぞれ第4章 "管理責任者及び推進事務局が行うこと"，第5章 "情報システム管理者が行うこと"，第6章 "推進担当者が行うこと" に記述されている各項を重点的に内部監査で確認すべきチェック項目とする方法が考えられる．本書の付録4 "内部監査チェックリスト（例）" に，管理責任者及び推進事務局のチェック項目を反映したので参考にされたい．

　上記の役割④については，他の章では述べられていない観点でも確認することが考えられるため，本項で詳しく説明を行いたい．

7.2 重点的に内部監査で確認すべきチェック項目を検討する
①自宅などのリモートワーク環境での業務の流れを確認する

　朝の勤務開始から勤務終了に至るまでの一連の業務プロセスの確認を行い，それぞれの業務プロセスにおいて内在するリスクや想定されるリスクについて深掘りをして質問を行う．プロセスのインプットとアウトプットの関係を整理し，業務フローのチャートを作成するようなイメージで進めていく方法が考えられる．必要に応じて，2.5 "情報及びその他の関連資産の利用の許容範囲に関するルールを定める" で記述したような情報資産取扱いのライフサイクルの観点から，ある業務における重要な情報資産について深掘りして質問を行ってもよい．

　相手側からどこまで情報を引き出せるかは，監査人の資質や力量によるところが大きくなる．常日頃から関係者との信頼関係を構築しておくことも大切なことである．

　また，業務とあまり関係のないプロセスやイレギュラーなケースについても情報セキュリティリスクが想定されることがある．例えば，昼休みや休憩時にはどのように対応しているのか，宅配業者や点検業者のような第三者がリモートワークの作業場所に入ってくるようなことがあるのかなどのような質問を行うことが考えられる．

7.2 重点的に内部監査で確認すべきチェック項目を検討する
②自宅などの作業環境を確認する

　本チェック項目は，個人のプライバシーの領域に関する質問が含まれることから，慎重に行う必要があり，回答が可能かどうかをあらかじめ確認したうえで質問を行った方が無難である．

　質問を行う内容としては，家の間取り，シェアハウスのような形態であれば，共同利用を行っている領域と個人が業務で利用する領域の分離状況，家族や同

居人の状況，友人などのような業務には関係のない第三者の訪問頻度，部屋の中でのペット飼育の有無などが考えられる．

　WEB 会議中に家族が怒って書斎に入ってきたような事例や，飼っている犬が突然入ってきて走り回っていたというような事例を聞いたことがあり，深掘りすることで自宅などの環境における固有のリスクが明らかになる可能性がある．

7.2　重点的に内部監査で確認すべきチェック項目を検討する ③自宅などで利用する主要な業務システム／クラウドサービスを確認する

　7.2.①"自宅などのリモートワーク環境での業務の流れを確認する"でもある程度までは確認できるチェック項目であるが，業務システム／クラウドサービスという観点で個別の質問項目として取り上げている．一般的な業務システム／クラウドサービスにはインターフェイス画面が実装されており，実際に操作を行っている画面を見せてもらうことで取扱いの流れを確認することも有効であると考えられる．

　ログイン方法，パスワードの桁数，システムで取扱いが行われている情報，情報の利用範囲などが明らかになるであろう．

7.2　重点的に内部監査で確認すべきチェック項目を検討する ④マルウェア対策状況を確認する

　OS の更新が定期的に行われているか，ウィルスパターンファイルが正常に更新されているか，ウィルスチェックソフトは正常に動作しているかなどを確認する．7.2.③"自宅などで利用する主要な業務システム／クラウドサービスを確認する"と同様に実際の画面を見せてもらうことで確認することも有効であると考えられる．

7.2 重点的に内部監査で確認すべきチェック項目を検討する
⑤施錠可能な書庫や金庫の設置状況を確認する

　自宅に重要な書類などを保管する場合は，書庫の施錠状況や鍵の管理方法について確認する．こちらも可能であれば，実際の映像や画面を見せてもらうことで確認することも有効であると考えられる．

7.2 重点的に内部監査で確認すべきチェック項目を検討する
⑥ネットワーク環境について確認する

　有線のネットワークであってもマンション全体が一つの LAN のような構成としている特殊なネットワークとなっている場合もある．ビジネスホテルなどの宿泊施設では同様の構成となっていることが多いが，同一 LAN 内では，接続されている他のパソコンがネットワーク上に表示され，アクセス制御が施されていない状態でファイル共有を行っていると他のパソコンからファイルが見られてしまう．また，他のパソコンがマルウェアに感染した場合にも影響を受ける可能性が高くなる．

　また，無線 LAN についてもアクセス制御方法や利用している暗号化アルゴリズムに脆弱性があると自宅のネットワークに不正に侵入され，攻撃の踏み台などになるリスクも考えられる(詳細は，2.9"リモートワーク環境におけるネットワークのセキュリティを確保する"参照)．

7.2 重点的に内部監査で確認すべきチェック項目を検討する
⑦情報セキュリティインシデントの発生とその対応状況を確認する

　情報セキュリティインシデント（事象，弱点を含む）について確認を行うと何もなかったという回答を得る場合がある．実際には，何もなかった訳ではな

く，そもそも情報セキュリティインシデント（事象，弱点を含む）について十分に認識が行われていない可能性もあることから，どのような事例が情報セキュリティインシデント（事象，弱点を含む）に該当するのかといった質問をするとよい．また，他部署で情報セキュリティインシデント（事象，弱点を含む）が発生しているのであれば，周知が行われているはずなのでその認識について質問を行うことも考えられる．

7.2　重点的に内部監査で確認すべきチェック項目を検討する
　　⑧ ISMS の運用に関する改善意見を確認する

　運用改善に向けた提案についてストレートに質問をすると答えが返ってこない場合が多いが，逆に普段の運用で困っていることについて質問をすると答えが返ってくる場合がある．どちらも ISMS 運用の改善に向けた貴重な意見となる可能性がある．また，自部門や他部門で確認されたよい取組みの事例について質問を行うことが考えられる．このような事例をグッドポイントとして報告書に記載することで，関係者の励みにもなると同時に，組織の中で横展開が推進されることが期待される．

7.3　プロセスの繋がりを意識して内部監査を実施する

　組織が取り扱う重要な情報資産の洗出しを行うにあたって，関係者間で業務フローの見える化を行い，それぞれのプロセスのインプットとアウトプットを明らかにしていく方法があるが，このような方法は内部監査であっても有効であると考えられる．

　例えば，リモートワークを行っている組織に監査対象となる業務において，取扱いが行われている情報について情報取得部門，情報利用部門，情報保管部門（例：IT 管理部門）が関与している場合，情報の取扱い方法や情報の形態についても様々なケースが想定され，プロセス全体をとおして確認すると単一

の部門では検出されないような課題が明らかになる場合もある．特にプロセス間の繋がりにおいて，部門の役割が曖昧な場合やセキュリティ要求事項の認識が異なる場合には，情報セキュリティのリスクが顕在化しやすい状況が発生することから注意が必要である．

　複数の監査チームで担当する部門の分担を行うような監査計画となっている場合は，あらかじめ監査チーム間で重点的に確認すべき事項や特定の部門でないと確認できない事項などについて意識合わせを行うことも有効である．

7.4 技術的検証を含む監査を実施する

　官公庁やその関連組織では，情報セキュリティ監査の枠組みが確立されており，ISMS 審査のように管理・運用面のコントロール（管理策）を監査する方法と情報システムの技術的な側面に着目した技術面のコントロール（管理策）を監査する方法を組み合わせる方法が多く採用されている．後者は，脆弱性診断のように監査対象システムに対して疑似攻撃を行う方法で技術的検証を行うようなプロセスも含まれている．

　世の中の多くの情報システムには，まだ認知されていない脆弱性が内在しており，その中には情報システムが完全に制御されるなどのクリティカルなものが含まれる．脆弱性が認知されるとその脆弱性を解消するためのセキュリティパッチがベンダーから提供されるが，認知される前に攻撃者が先にその脆弱性を悪用するようなリスクも想定される．

　上記のような状況から，特に組織の経営機密情報や個人情報の取扱いがある情報システムでインターネットからの接続が可能となっている情報システムについては，技術的検証を含む監査が必要不可欠となっている．

　最近では，技術的検証を含む監査を支援するためのツールが世の中に広まっているが，使いこなすためには，ある程度の力量と経験が必要であることから外部の専門家に実施を依頼するという事例も多く確認している．図 7.1(リモート診断の実施イメージ）及び表 7.1（脆弱性診断項目の例）に技術的検証の事

例を整理したので参照されたい.

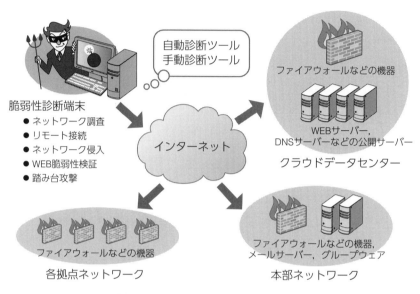

図 7.1　リモート診断の実施イメージ

表 7.1　脆弱性診断項目の例

診断項目	概要
ポートスキャン	TCP ／ UDP 0 〜 65535 ポートのスキャンを行い，不要なポートが意図せず解放されていないか確認する
サービススキャン	情報システムの各種サービスについて脆弱性が存在しないか確認する
OS の脆弱性	OS 固有の脆弱性有無について確認する
NW 機器の脆弱性	NW 機器固有の脆弱性有無について確認する
パッチの適用状況	各情報システムのクリティカルパッチの適用状況を確認する
認証	認証の不備，脆弱なアルゴリズム利用の有無，パスワードの強度などを確認する
WEB アプリケーション	クロスサイトスクリプティングや SQL インジェクションなどの WEB アプリケーションの脆弱性を確認する

7.5 WEB 会議方式で内部監査を実施する場合の有効な方法を検討する

　感染症の拡大に伴い，組織が事業を行う様々な場面において，対面でのコミュニケーションから WEB 会議などの遠隔でのコミュニケーションへの移行が行われた．この流れは，ISMS 審査や内部監査においても，遠隔監査（審査）というプロセスが確立され，監査を実施する方法に大きな変革をもたらした．

　このような遠隔監査の方法は，従来行われてきた対面方式による ISMS 審査や内部監査を完全に置き換えるものではないが，個人の外出などが制限されるような状況においては，代替の手段として利用することが可能であると考えられる．また，遠隔監査には，デメリットだけではなく，対面方式に勝るメリットもあることが確認されている．

　それぞれの方式について，メリットとデメリットを表 7.2（監査方式の比較）に整理した．実施の際には，デメリットとなる要素が極力少なくなるように配慮し，メリットを最大限に活用することが期待される．

表 7.2　監査方式の比較

監査方式	メリット	デメリット
対面	・遠隔と比較すると視野が広くなる（参加者の表情や現場の確認が比較的容易） ・物理的な環境を監査人が主体的に確認することができる ・建物やその周囲の環境を把握しやすい ・匂いや温度といった人間の五感を活用することができる	・感染症対策の制約がある ・拠点に移動する必要がある
遠隔	・人との接触を減らし，感染症への感染リスクを低減することができる	・映像が不鮮明であると現場の状況や記録の確認が困難である

表 7.2 （続き）

監査方式	メリット	デメリット
遠隔 （続き）	・部門が複数拠点に分散されている場合であっても一つの時間枠でまとめて監査を行うことができる ・離れた場所で勤務している被監査部門の担当者にインタビューの依頼を行うことが可能 ・監査人が離れた拠点に移動する必要がない ・パソコンの画面を容易に共有することができる ・WEB 会議システムの操作に慣れていると対面よりもスムーズに進めることができる	・ネットワークの通信が確保できない場所の動画撮影はできない（例：倉庫，地下室など） ・物理的な環境を撮影する際に撮影者が恣意的に撮影範囲を調節することができてしまう ・システムの障害が発生すると監査を継続できなくなる ・無線 LAN の電波干渉により映像が切断される場合がある ・WEB 会議システムの操作に不慣れだと対面よりも多くの時間がかかる ・紙に出力されたエビデンスの監査が困難な場合がある ・一日中パソコンの画面を見ていることになるので眼精疲労を発症する場合がある （1 時間ごとに休憩を取ることが望ましい）．

第8章　リモートワーク実施者が行うこと

　リモートワーク実施における自宅などで業務を行う環境は，組織の重要な情報及び情報に関連する資産を取り扱う場所となっていることから組織全体からすると独立した事業所の一つとして位置付けて考えることができる．そのため，リモートワーク実施者は，利用する情報資産の管理責任を自らが負うことを自覚し，情報セキュリティ関係規程が定めるルール（組織的，物理的，技術的，人的なセキュリティ）に則って業務を遂行する必要がある．リモートワーク環境においては，同居する家族や同居人がその組織に所属していないのが一般的である．その場合は，リモートワーク実施者本人が組織の一つの事業所を任された責任者という位置付けになる．そのため，リモートワーク実施者は，自宅などの環境においては，自身が最高責任者であるということを常に認識していることが重要であると考える．したがって，広義には3章"トップマネジメントが行うこと"から7章"内部監査員が行うこと"にかけて記述されているすべての項目が少なからず関係してくることになる．本章では，その中でも特に留意すべき事項をリモートワーク実施者の視点で取り上げていきたい．

8.1　自身の自宅などの環境について情報セキュリティリスクアセスメント・リスク対応を実施する

　自宅環境においても様々な情報セキュリティリスクが想定されるが，その環境のことを一番よく知っているのは，リモートワーク実施者本人である．したがって，自身の自宅などの環境については，自身でリスクアセスメントを行う必要がある．

　極端な事例かもしれないが，自宅で飼っているペットが書類を外に持ち出す

ような癖があって困っているような状況で，組織の重要な書類を一時的に自宅に保管しなければならない場合に読者はどのようなリスクアセスメント・リスク対応を実施するであろうか．

　何も対策を講じないで自宅で重要な書類を保管すると，かなりの大きな確率で書類が紛失することは明らかである．筆者であれば，自宅の状況を組織に説明して，書類は預かれない旨を伝えることでリスクを"回避"する．しかしながら，どうしても預かる必要があれば，次の対策を検討しなければならない．鍵付きの書庫の購入を組織に依頼してリスクを"最適化（低減）"するか，あるいは，別の担当者に代わりに保管をお願いすることでリスクの"移転"を図ることも考えられる．リスクが高い状態であるため，リスクの"保有"という選択肢はないであろう．

8.2　自宅などの作業環境にアクセスする可能性のある家族などに対して情報セキュリティ教育を実施する

　作業中のパソコンの画面やWEB会議の会話には，組織やその取引先の機密情報が含まれている場合があるが，家族や同居人が意図せずに見たり聞いたりするようなことが起きる可能性がある．そのような情報の中には，まだ世間には公表されておらずSNSで他人に自慢したくなるようなものが含まれているかもしれない．

　自宅などのネットワークに，個人で利用するパソコンやタブレット，スマートフォンなどが接続されている場合も注意が必要である．これらのパソコンなどがマルウェアに感染した場合，同一ネットワーク内に接続している業務パソコンにも感染が拡大するリスクが高くなる．

　上記は，ほんの一例に過ぎず，情報セキュリティ教育を行うべき内容は，環境に応じて変化する．8.1"自身の自宅などの環境について情報セキュリティリスクアセスメント・リスク対応を実施する"で述べたリスクアセスメントの結果にも，教育を行うべきインプット情報が含まれている可能性がある．

8.3 端末／認証装置／書類などの管理を行う

組織より貸与された端末や情報システムにアクセスを行うための認証装置（例：IC カード，パスワードトークン），電子記憶媒体や紙の書類などを自宅に保管する場合は，紛失や盗難といったリスクが想定される．

そのリスクは，家族や同居人の有無，訪問者の有無などによって変化するため，固有のリスクに応じた対策が必要となる．最低限の対策としては，重要なものについては保管場所を固定し，万が一紛失が発生した場合でもそれに気づきやすいような状況にしておくことが考えられる．

8.4 自宅などのネットワーク環境の認識を高める

リモートワークで自宅などのネットワーク環境を利用している場合は，インターネット回線の接続方法や自宅内部のネットワーク環境を把握しておく必要がある．頭の中での整理でもよいが，以下に例示するように簡単な図で整理しておくと，いざというときに役に立つかもしれない［図 8.1（自宅環境ネットワークの例）］．

最近では，キャリア回線の障害が発生するようなニュースを耳にすることもある．障害の発生に備えて，障害発生時の問合せ連絡先や障害情報が掲載される URL の情報を記載しておいてもよい．あるパソコンからは，インターネットに接続できるが，あるパソコンから接続できないという場合は，内部ネットワークのどこかで障害が発生している可能性があるので，ネットワーク図が障害の切り分けに役に立つ場合も考えられる．

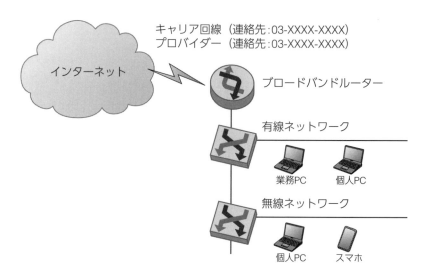

図 8.1　自宅環境ネットワークの例

8.5　無線 LAN のセキュリティ対策を実施する

　自宅などのネットワーク環境で無線 LAN を利用している場合は，無線 LAN のアクセスポイントへの不正アクセスや通信の盗聴リスクに注意する必要がある．

　無線 LAN 機器を設定するためのパスワード（管理用パスワード）や無線 LAN の暗号化パスワードが脆弱だと悪意のある攻撃者によって無線 LAN が攻撃の踏み台にされるリスクが高くなる．その攻撃によって相手方に被害が発生した場合は，損害賠償が請求されることや警察に誤認逮捕されるリスクも想定されることから対策を軽んじてはならない．また，同一の無線 LAN 内のネットワークでは，接続されている情報機器の通信を傍受することが可能であるため，暗号化されている場合であっても通信はすべて内容を見られてしまう．

　無線 LAN を安全に利用する方法については，総務省が公開している "無線 LAN（Wi-Fi）のセキュリティに関するガイドライン" が参考になる．

URL：https://www.soumu.go.jp/main_sosiki/cybersecurity/wi-fi/index.html

8.6　マルウェア対策を実施する

　業務パソコンのみならず個人パソコンにおいてもマルウェア感染リスクは高くなっている．そのため，業務パソコンと同じネットワークに接続する個人パソコンについても，マルウェア対策ソフトウェアの導入を徹底しておいた方がよい．

　監査などで組織の端末をサンプリングで確認すると，稀にマルウェア対策ソフトウェアのパターンファイルが正常にアップデートされていない状況や，OS のセキュリティパッチの最新版が長期にわたって適用されていないことがある．自動化の設定を行っていても，何かしらの理由で正常に動作しない場合が考えられる．監視ツールなどを用いて情報システム管理者が一元的に管理する方法も考えられるが，そのような仕組みが導入されていないのであれば，リモートワーク実施者が自ら定期的に対象となるパソコンの状態を確認するといったプロセスを確立する必要がある．

8.7　WEB 会議におけるセキュリティ対策を実施する

　WEB 会議システムには様々なものがあるが，情報セキュリティが十分に確保できるもののみを利用する．組織がソフトウェアを指定している場合は判断に迷うことがないが，相手先が特定のソフトウェアを指定してくる場合もあることから，不明な点があれば，情報システム管理者や推進担当者に確認を行うとよい．

　また，古いバージョンのソフトウェアは，既知の脆弱性に対処できていない可能性があるため，ベンダーが提供する最新版のものを利用するようにしたい．

　WEB 会議時には，家族や同居人，近所の住人などに会話の内容を聞かれてしまうことも考えられるため，個室やヘッドホンでの利用といった音漏れ対策

についても考慮すべき事項となる.

8.8　日々の運用点検を実施する

　部門の情報セキュリティ目標（6.3 "部門レベルの情報セキュリティ目標を策定し，定期的に監視，測定と分析及び評価を行う"）や点検項目（6.4 "情報セキュリティに関する定期的な点検を実施する"）の中にもリモートワーク実施者が日々の運用点検を行うような項目が含まれている場合があるが，これらの点検項目に自宅などの環境における固有のものを追加してもよい．点検項目は簡単なものでもよく，毎日継続できるようなものが望ましい．

　日々の点検を継続することで，必要な対策が漏れてしまうというリスクを減少させることができる．また，一定の周期でその結果を評価するような仕組みも有効である．仮に組織全体で共有すべき事案をリモートワーク実施者自らが発見した場合は，情報セキュリティ事象や弱点として組織に報告を行うことも考えられる．

8.9　情報セキュリティインシデントについて適切な対応を行う

　情報セキュリティインシデントへの対応と処置について，6.6 "情報セキュリティインシデント発生を未然に防止し，万が一発生した場合には迅速な対応と処置を行う"で詳細を述べているのでここでは，リモートワーク実施者の観点を中心に述べたい．

　想定される情報セキュリティインシデント（事象，弱点を含む）は，リモートワーク実施者の環境によって異なる場合もあることから，平時からリモートワーク実施者自身で，どのようなものが想定されるのかイメージを固めておくとよい．報告すべき対象や範囲，判断に迷う場合の対応方法などを平時から確認しておくと有事のときには混乱が少なくなる．

　情報セキュリティインシデント（事象，弱点を含む）を認知した場合は，速

やかに報告を行う必要があるので，報告先や報告方法についてあらかじめ確認をしておきたい．

8.10　情報セキュリティ監査などに積極的に協力する

　自宅などの環境であっても組織の業務を行っている場所は，内部監査などの監査の対象と成り得ると考えられる．仮にそこで課題などが発見された場合は，組織全体の情報セキュリティを改善するインプット情報となることもある．

　個人のプライバシーの領域に関する質問が含まれる場合があるため回答には躊躇してしまう場面が生じることが想定される．そのような場合は，すべての質問に答える必要はないが，回答が可能な範囲で積極的に協力したいところである．質問の内容について不明な点があれば，監査員に質問の意図を確認してみるのもよいであろう．

　直接監査員が自宅などのリモートワーク実施者の作業場所に赴いて確認を行うような事例はあまり聞いたことがないが，WEB 会議の画面共有機能を用いて確認を行うような方法であれば監査員も比較的実施が容易となる．いつでも監査の受け入れができるようにリモートワークを行う作業環境のクリアデスク・クリアスクリーン対策を徹底しておきたい．

付録1　テレワーキング実施手順（例）

文 書 名	文書分類	文書所管	版	機密区分	文書番号	発行日	改訂日
テレワーキング実施手順	実施手順	情報セキュリティ委員会	1.0	社外秘	IS-03-107	20YY/4/1	–

株式会社○○
テレワーキング実施手順

承認	作成
情報セキュリティ委員会	ISMS 事務局

1

付録 1（続き）

文 書 名	文書分類	文書所管	版	機密区分	文書番号	発行日	改訂日
テレワーキング実施手順	実施手順	情報セキュリティ委員会	1.0	社外秘	IS-03-107	20YY/4/1	－

130

付録1（続き）

文書名	文書分類	文書所管	版	機密区分	文書番号	発行日	改訂日
テレワーキング実施手順	実施手順	情報セキュリティ委員会	1.0	社外秘	IS-03-107	20YY/4/1	－

1．目的

本手順書は、在宅や事務所以外での作業、特に保護されていない環境における作業を行う場合のセキュリティ手順を明確にすることを目的とする。

2．用語の定義

本書で用いる用語及び定義は、『アクセス制御対策基準』による。

3．適用範囲

本書の適用範囲は『ISMS 適用範囲文書』に記述する。

4．テレワーキング実施の原則

当社では、事務所や業務を行う顧客先以外での機密性の高い情報を取り扱う作業を原則として禁止している。ただし、業務上必要となる場合は、事前に申請を行うことでその実施が許可される。

テレワーキングの実施において、利用する情報資産の管理責任を自らが負うことを自覚し、情報セキュリティ関係規程が定めるルール（物理的、技術的、人的なセキュリティ）に則って業務を遂行しなければならない。

5．実施手順

5．1．実施申請

「システムに関する申請書」に実施期間・申請理由・作業実施内容を記入し利用申請を行い、承認を得ることでモバイル機器が貸与される。申請の際には、別紙「テレワーキングチェックシート」を添付する。

5．2．実施環境

原則として自宅、あるいは、あらかじめ許可された作業場所以外では、モバイル機器を用いた作業や機密性の高い資料等の閲覧は実施してはならない。

また、作業にあたって、機密情報を取り扱っていることを常に意識し、業務に関係のない第三者による情報へのアクセス、盗聴、盗難、紛失等の情報セキュリティリスクに対して可能な限り対策を講じるものとする。

5．3．ネットワーク環境

自宅内に設置されているネットワーク機器について、機器に接続するための ID とパスワードを適切に設定する。また、製造元から提供されるファームウェアのアップデートを定期的に行う。

3

付録1（続き）

文 書 名	文書分類	文書所管	版	機密区分	文書番号	発行日	改訂日
テレワーキング実施手順	実施手順	情報セキュリティ委員会	1.0	社外秘	IS-03-107	20YY/4/1	－

5.4. 無線 LAN の利用

(1) 自宅内無線 LAN

自宅内に設置されている無線 LAN 機器について、機器に接続するための SSID とパスワードを適切に設定する。なお、WEP 等の脆弱性が確認されている暗号化方式は使用してはならない。

(2) 公衆無線 LAN

モバイル機器を公衆無線 LAN に接続してはならない。

5.5. 媒体の利用

予期しないマルウェア感染等のリスクがあるため、あらかじめ許可のない持ち運び可能な媒体（USB メモリ、CD、DVD、ポータブル HDD 等）を利用してはならない。

5.6. クラウドサービス等の利用

予期しない情報漏えいや情報の喪失等が発生するリスクがあるため、業務に使用するモバイル機器では、あらかじめ許可のないクラウドサービスを利用してはならない。

5.7. モバイル機器のセキュリティ対策

モバイル機器の利用にあたって、『システム運用対策基準』及び『アクセス制御対策基準』に準じたセキュリティ対策を実施しなければならい。

> おのおのの責任で対策すべき管理策のみ残す。

①	定められた方法以外では、社内のネットワークにアクセスしない
②	あらかじめ許可のないソフトウェアは利用しない
③	OS やソフトウェアは常に公開されている最新の修正プログラムを適用する
④	マルウェア定義ファイルは常に最新化する
⑤	モバイル機器のパスワードを適切に設定し管理する
⑥	不審なメールに注意する
⑦	不審なサイトにはアクセスをしない
⑧	監視のための各種ログの機能を有効にする
⑨	重要なデータをバックアップするための仕組みを整備する
⑩	モバイル機器を廃棄する場合は、端末内に蓄積された情報を利用できないように処理する
⑪	利用に関して不明な点があればシステム管理者に確認を行うようにする

5.8. 情報セキュリティ事象等の報告

テレワーキング実施環境において、情報セキュリティ事象（情報セキュリティ弱点を含む）又は情報セキュリティインシデントを発見した場合は、発見者は『セキュリティインシデント対策基準』に基づき速やかに報告しなければならない。

4

付録 1 (続き)

文書名	文書分類	文書所管	版	機密区分	文書番号	発行日	改訂日
テレワーキング実施手順	実施手順	情報セキュリティ委員会	1.0	社外秘	IS-03-107	20YY/4/1	－

5.9. 自己点検の実施

　情報セキュリティ関係規程が定めるルールに則って業務を遂行しているかどうか定期的に実施状況について自己点検を行う。

5.10. 内部監査や外部監査への対応

　内部監査や外部監査において、テレワーキングの実施状況のヒアリングやモバイル機器のセキュリティ対策状況の確認が求められた場合には、積極的に協力する。

以上

付録1（続き）

文 書 名	文書分類	文書所管	版	機密区分	文書番号	発行日	改訂日
テレワーキング実施手順	実施手順	情報セキュリティ委員会	1.0	社外秘	IS-03-107	20YY/4/1	–

改版履歴

版	発行(改定)日	理由及び内容	担当者	責任者
1.0	20YY/4/1	新規発行	○○	○○

134

付録2　テレワーキングチェックシート（例）

【記入者情報】

		記入日	20YY/5/8
業務内容	○○業務全般		
所属	○○部	氏名	山田 太郎 ㊞

【チェック項目】

テレワーキングチェック項目

- ☑ 当社の「情報セキュリティ方針」及び「情報セキュリティ目標」を十分に理解している
- ☑ 情報セキュリティのリスクについて常に意識をし、必要な場合は改善提案を行っている
- ☑ 情報セキュリティの意識向上のための教育を定期的に受講している
  直近の教育実施日：20YY/5/8
- ☑ 情報セキュリティの定期的な確認を実施している　（例：自己点検、内部監査）
  直近の確認実施日：20YY/4/1　※自己点検
- ☑ 作業場所における空き巣の侵入等の物理的な対策として建物の施錠等の物理的な対策を徹底している
- ☑ 重要な資料（紙媒体）や端末は施錠管理するなどして安全に保管している
- ☑ 端末のアクセスには、ID 等による制御により他人が利用できない措置を講じている
- ☑ 端末の OS やアプリケーションの脆弱性対策を行っている　（例：セキュリティパッチの適用）
- ☑ 端末にマルウェア対策ソフトを導入し、パターンファイルの定期的な更新を行っている
  マルウェア対策ソフト：　　　　　　　　　パターンファイルの更新日：
- ☑ 紛失や盗難に備え、端末に保存された情報の暗号化を行っている
- ☑ 各種サービスを利用するためのアクセス権（パスワード）が危殆化した場合には速やかに報告を行うことを認識している
- ☑ 電子メールのプレビュー機能はオフに設定している
- ☑ 端末は覗き見や不在時の不正アクセスを防止するためにパスワード付スクリーンセイバーを起動させる等の対策を行っている
- ☑ 無線 LAN を使用する場合には、通信の暗号化措置やアクセス制御等の対策を講じている
- ☑ 公共の場所（居酒屋、電車内等）では、顧客が特定可能な話題や機密情報を含む内容の話をしていない
- ☑ 重要な情報を廃棄する際には、情報を復元できないような措置を講じている
  廃棄方法：
- ☑ 業務の全部もしくは一部について外部委託を行っていない（会社が許可した場合を除く）

情報セキュリティインシデント（ヒヤリハットやその疑いも含む）の発生状況
☐報告済　☑発生したが報告が漏れていた　☐発生していない
＊未報告の場合は、以下に記載する

(1) 発生日時および検知日時：20YY 年 5 月 8 日
(2) 発見者：山田太郎
(3) 情報セキュリティ事象等の概要：パソコンがフリーズして起動しなくなった
(4) 実施済みの応急措置：Safemode でハードディスクの検査を行ったところ復旧した
→データの喪失等の影響はなかった

改善提案	＊情報セキュリティ向上に向けた改善提案があれば以下に記載する
	最近スパムメールが増えてきている。迷惑メールフィルタのレベルを上げた方がよいと思われる。

付録 3　リスクアセスメント結果（例）

管理策 No.	管理策
A.7.7	書類及び取外し可能な記憶媒体に対する書類のクリアデスクの規則、並びに情報処理設備に対するクリアスクリーンの規則を定義し、適切に実施させなければならない

実施	脅威	脅威値
一部	盗難 情報資産の持出 紛失 検索が困難	3

資産タイプ	グループ番号	機密性値	脆弱性値	脅威値	リスク値
ドキュメント	GP-XXX	3	2	3	**6**
	GP-XXX	2	2	3	**5**
	GP-XXX	1	2	3	4
媒体	GM-XXX	3	2	3	**6**
	GM-XXX	2	2	3	**5**
	GM-XXX	1	2	3	4
データ	GD-XXX	3	2	3	**6**
	GD-XXX	2	2	3	**5**
	GD-XXX	1	2	3	4
ハードウェア	GH-XXX	3	2	3	**6**
	GH-XXX	2	2	3	**5**
	GH-XXX	1	2	3	4
ソフトウェア	GA-XXX	3	2	3	**6**
	GA-XXX	2	2	3	**5**
	GA-XXX	1	2	3	4
スタッフ	GS-XXX	3	2	3	**6**
	GS-XXX	2	2	3	**5**
	GS-XXX	1	2	3	4
その他	GO-XXX	3	2	3	**6**
	GO-XXX	2	2	3	**5**
	GO-XXX	1	2	3	4

【解説】
リスク値の太字部分が、組織が定めた基準により、許容できないと判断されている。

リスク対応案	脅威値
最適化 机上の整理整頓 パソコンのデスクトップの整理 E-learningによる周知 推進担当者による定期点検	3

機密性値	脆弱性値	脅威値	リスク値
3	1	2	4
2	1	2	3
1	1	2	2
3	1	2	4
2	1	2	3
1	1	2	2
3	1	2	4
2	1	2	3
1	1	2	2
3	1	2	4
2	1	2	3
1	1	2	2
3	1	2	4
2	1	2	3
1	1	2	2
3	1	2	4
2	1	2	3
1	1	2	2
3	1	2	4
2	1	2	3
1	1	2	2

【解説】
対策後に脆弱性値と脅威値の見直しが行われ、リスク値が許容レベルとなっている。

付録 4 内部監査チェックリスト（例）

監査 No.1

【チェックリスト】管理責任者及び推進事務局

No.	質問事項／確認事項	合否	観察・エビデンス
1	・ISMS の適用範囲変更について ⇒事業・組織（部門）・所在地・資産・技術・ネットワーク構成、あるいは、クラウドサービスの形態や領域等。 ⇒ISMS の意図した成果 ⇒内部及び外部の課題 ⇒利害関係者のニーズ及び期待 ⇒適用法令		
2	・守るべき情報について ・重要な業務プロセスについて ⇒セキュリティ要求事項について ⇒重要な情報及び情報に関連する資産（情報資産台帳） ⇒日常管理・内部コミュニケーション ⇒記録		
3	・リスクアセスメントの適切性について 1）情報の機密性、完全性及び可用性等との関係性 2）リスクが生じた場合に起こり得る結果やリスクの現実的な起こりやすさ 3）リスク分析の結果とリスク基準の比較 4）分析したリスクの優先順位付け 5）管理目的および管理策の選択 6）リスク対応計画 7）残留リスクの承認		
4	・文書化した情報（文書と記録）の見直し状況について ⇒情報セキュリティ方針やトピック固有の個別方針 ⇒利用可能・利用に適した状態 ⇒十分な保護 ⇒配布、アクセス、検索及び利用 ⇒変更の管理 ⇒廃棄の管理		

付録 4（続き）

[チェックリスト] 管理責任者及び推進事務局

No.	質問事項／確認事項	合否	観察・エビデンス
5	・情報セキュリティ目標について 1) 関連する部門及び階層において情報セキュリティ目標が策定されているか 2) 情報セキュリティ方針と整合しているか 3) 伝達されているか 4) 必要に応じて更新されているか 5) 情報セキュリティ目的の達成計画は以下の決定を踏まえたものか ⇒実施事項 ⇒必要な資源 ⇒責任者 ⇒達成期限 ⇒結果の評価方法		
6	・力量、認識及びコミュニケーションの状況について ⇒必要な力量の決定 ⇒力量の確認方法 ⇒必要な力量を身に着けるための処置 ⇒取った処置の有効性評価の有無 ⇒コミュニケーション活動		
7	・情報セキュリティインシデントの発生とその対応状況について ⇒情報セキュリティ事象 ⇒情報セキュリティ弱点の報告 ⇒情報セキュリティ事象の評価及び決定 ⇒情報セキュリティインシデントからの学習 ⇒証拠の収集		

138

参 考 資 料

- JIS Q 27000:2019　情報技術—セキュリティ技術—情報セキュリティマネジメントシステム—用語
- JIS Q 27001:2014　情報技術—セキュリティ技術—情報セキュリティマネジメントシステム—要求事項
- ISO/IEC 27001:2022　Information security, cybersecurity and privacy protection—Information security management systems—Requirements
- JIS Q 27002:2014　情報技術—セキュリティ技術—情報セキュリティ管理策の実践のための規範
- ISO/IEC 27002:2022　情報セキュリティ，サイバーセキュリティ及びプライバシー保護—情報セキュリティ管理策（英和対訳版）
- ISO/IEC 27005:2008　情報技術—セキュリティ技術—情報セキュリティリスクマネジメント（英和対訳版）
- ISO/IEC 27005:2018　Information technology—Security techniques—Information security risk management
- JIS Q 27017:2016　情報技術—セキュリティ技術—JIS Q 27002 に基づくクラウドサービスのための情報セキュリティ管理策の実践の規範
- ISO 31000:2009　リスクマネジメント—原則及び指針（英和対訳版）
- ISO 31000:2018　リスクマネジメント—指針（英和対訳版）
- JIS Q 9000:2015　品質マネジメントシステム—基本及び用語
- JIS Q 19011:2019　マネジメントシステム監査のための指針
- ISMS ユーザーズガイド—JIS Q 27001:2014 対応—リスクマネジメント編，一般財団法人日本情報経済社会推進協会

索　引

著　者　紹　介

池田 秀司（いけだ　しゅうじ）

1973 年 4 月生まれ．千葉県市原市出身．
1996 年，関東学院大学文学部英米文学科卒業後にデジタルコンテンツの作成及び開発にかかわる業務を行う会社に勤務し，その後に情報セキュリティソリューション及びコンサルティング業務を行う会社に転職する．

2006 年に独立し，i-3c（あいすりーしー）株式会社を設立．情報セキュリティコンサルティング及び監査に関する事業を開始し，現在に至る．
民間企業の情報セキュリティ顧問，教育機関の専任講師，業界団体の専門委員を歴任．日本規格協会グループにおいては，ワーキンググループの委員，ISMS/BCMS/PMS 判定委員，ISMS/BCMS/PMS 審査員を歴任．審査参加回数は，累積で 100 件以上（2022 年 9 月現在）．

情報セキュリティ関連の資格として，ISMS 主任審査員，ISMS クラウドセキュリティ審査員，CISSP，CISA（公認情報システム監査人），公認情報セキュリティ監査人を保有している．

主な著書に，『ISMS 構築・認証取得ハンドブック』（共著，株式会社日科技連出版社，2008）がある．

ISO/IEC 27001/27002:2022 改訂対応
テレワーク時代の **ISMS**（情報セキュリティマネジメントシステム）ガイドブック
　～職場・リモートワークで留意すべき重要ポイント～

2022 年 12 月 16 日　第 1 版第 1 刷発行

著　　者　　池田　秀司
発 行 者　　朝日　弘
発 行 所　　一般財団法人 日本規格協会

　　　　　　〒108-0073　東京都港区三田 3 丁目 13-12　三田 MT ビル
　　　　　　https://www.jsa.or.jp/
　　　　　　振替　00160-2-195146

製　　作　　日本規格協会ソリューションズ株式会社
印 刷 所　　株式会社ディグ
製作協力　　株式会社大知

© Shuji Ikeda, 2022　　　　　　　　　　　　　　　Printed in Japan
ISBN978-4-542-30549-6